Veronika
Krüger

Kontakt-
anzeigen

- Geniale Ideen
- Gestaltungstips
- Abkürzungsverzeichnis

Die Deutsche Bibliothek – CIP-Einheitsaufnahme

Krüger, Veronika:
Kontaktanzeigen : geniale Ideen, Gestaltungstips,
Abkürzungsverzeichnis / Veronika Krüger. – München ;
Landsberg am Lech : mvg-verl., 1995
  (mvg-Paperbacks ; 519)
    ISBN 3–478–08519–5
NE: GT

> *„Träume nicht Dein Leben,*
> *sondern lebe Deine Träume!"*

(Verfasser unbekannt)

Das Papier dieses Taschenbuchs wird möglichst umweltschonend
hergestellt und enthält keine optischen Aufheller.

© mvg-verlag im verlag moderne industrie AG, München/Landsberg
am Lech

Umschlaggestaltung: Vierthaler & Braun, München
Illustrationen: Manfred Wenzel, Köln
Satz: Fotosatz Buck, Kumhausen
Druck- und Bindearbeiten: Presse-Druck Augsburg
Printed in Germany 080 519/795602
ISBN 3-478-08519-5

Inhaltsverzeichnis

Vorwort

Die Zeitungen sind voll davon; bei vielen Zeitschriften haben sie sich fest etabliert: die sogenannten privaten Bekanntschafts- bzw. Kontaktanzeigen. Darüber hinaus werden noch unter anderem von diversen Fernseh- und Hörfunksendern, von speziell eingerichteten Telefon-Hotlines, über Btx und von kommerziellen Instituten Dienste zur Vermittlung von Kontakten angeboten. Besonderer Beliebtheit erfreuen sich in letzter Zeit auch die zumeist von Stadtmagazinen initiierten Singlepartys.

Mit steigender Tendenz werden besonders die Printmedien von pro Woche etwa 100.000 Menschen zur Artikulation und Verbreitung ihrer unterschiedlichen Kontaktinteressen genutzt. Die private Kontaktanzeige wird als Kommunikationsträger zum Vermittler zwischen InserentInnen und LeserInnen, da sie in der Regel die einzige Möglichkeit des Normalbürgers ist, seine Anliegen einer breiteren Öffentlichkeit und damit einer größeren Auswahl zugänglich zu machen.

Zumindest die Kontaktanzeige in den Printmedien hat sich über die Jahre zu einer echten Alternative zu den klassischen Formen des Kennenlernens – zum Beispiel am Arbeitsplatz, in der Disco, in Vereinen, etc. – entwickelt. In unserer durch Schnellebigkeit gekennzeichneten Zeit fehlt es häufig an Mut, aber auch an der nötigen Geduld, andere anzusprechen und sich näher auf sie einzulassen.

Mit einer Annonce lassen sich von vornherein Bedürfnisse, Wünsche und Aversionen artikulieren, die ansonsten nur durch zeitaufwendige Gespräche ver- und ermittelt werden könnten. Eingehende Zuschriften werden einfach gesichtet, nach den eigenen Ansprüchen und Vorstellungen selektiert, und nur die Kontaktaufnahme zu subjektiv interessant erscheinenden Menschen wird realisiert.

Von welchen Motiven und Intentionen die Aufgabe einer Kontaktanzeige auch immer inspiriert sein mag, ihnen allen ist gemein, daß sie die Aufmerksamkeit und das Interesse von LeserInnen auf sich ziehen wollen. Wie ein Blick auf die professionelle Werbung zeigt, ist die Realisierung aber häufig problematisch. Denn bei der Vielzahl der untereinander konkurrierenden Angebote läßt sich mit Standardslogans kaum jemand mehr erreichen.

Was für die Profis aus der Werbung gilt, muß daher – zumindest teilweise – auch Anwendung bei den InserentInnen von Kontaktanzeigen finden, um die Option auf eine erfolgreiche Umsetzung zu wahren. Aber da stehen viele vor dem größten Problem. Sie wissen zwar, daß und welchen Inhalt sie inserieren möchten, sie können es aber nicht in erfolgversprechende Worte fassen.

In diesem Ratgeber werden daher eine Fülle von attraktiven Textbeispielen angeboten. Daneben werden noch nützliche und notwendige Anregungen und Informationen vermittelt, die vor und nach der Aufgabe einer Kontaktanzeige unbedingt Beachtung finden sollten.

Kapitel 1:
Motive und Intentionen

Unter dem Oberbegriff „Kontaktanzeigen" versammeln sich individuelle Gesuche mit differenzierten Motiven und Intentionen, wie sie zum Beispiel in folgenden Worten zum Ausdruck kommen:

Abenteuer, Aktivitäten, Alternativen ausprobieren, Ausgehen, Bekanntschaften, BettpartnerIn, dem Alltag entfliehen, die große

Liebe, Ehefrau/-mann, Frau/Mann fürs Leben, FreizeitpartnerIn, Freundschaft, Gedankenaustausch, Gesellschaft, Gleichgesinnte/r, Glück, Kameradschaft, Klönen, KumpelIn, KumpanIn, Lebensabschnittspartnerln, LebensgefährtIn, Lebensgemeinschaft, Leidensgenossin/e, Liaison, LiebhaberIn, MitspielerIn, MitstreiterIn, Neuanfang, neuer Bekanntenkreis, Neugierde, One-Night-Stand, Platonische Beziehung, Reisegefährtin/e, Seitensprung, Sexpartnerln, TrainingspartnerIn, TraumpartnerIn, Verhältnis, Zweierbeziehung und anderes mehr.

InserentInnen sollten sich aber nicht der Illusion hingeben, daß eine Kontaktanzeige das Nonplusultra zur Findung von PartnerInnen ist, die dem eigenen Traum- und Wunschbild entsprechen und sich als Märchenprinzessin oder -prinzen, als *die* Frau oder *der* Mann fürs Leben entpuppen. Bei realistischer Einschätzung bietet ein Inserat nicht mehr und nicht weniger als andere Formen des Kennenlernens. Wunder sind auch auf diesem Wege nicht zu erwarten, und die/der eher imaginäre IdealpartnerIn ist wohl auch gar nicht existent. Dabei sollte man sich einmal selbstkritisch fragen, ob man denn selber die/der perfekte PartnerIn ist oder sein könnte. Gänzlich ohne Abstriche und Kompromisse scheint jede Form intimer zwischenmenschlicher Beziehung zum Scheitern verurteilt zu sein.

Die Kontaktanzeige kann aber eine geeignete Ergänzung der eher traditionellen Formen des Kennenlernens wie zum Beispiel in der Kneipe, in der Tanzschule und so weiter sein. Denn in der heutigen Zeit fällt es nicht mehr so leicht, neue Kontakte zu knüpfen. Was kann ich tun, was kann ich sagen, wie kann ich jemanden ansprechen, ohne in Platitüden zu verfallen oder möglicherweise mißverstanden zu werden? Ein lustiger oder origineller Spruch, der für Aufmerksamkeit sorgen könnte, liegt einem gerade meist dann auch nicht auf der Zunge, wenn er am dringendsten benötigt würde. Und so ist häufig die einzige Gelegenheit, einen interessant erscheinenden Menschen kennenzulernen, bereits vertan, wenn Buchstaben nach Schema F aneinandergereiht wurden oder sogar noch ehe ein einziges Wort die Stimmbänder zum Vibrieren gebracht hat.

Die Kontaktanzeige entbindet vom Zwang zur spontanen Aktion oder Reaktion. Denn sie tritt als eine Art Vermittler auf, die den beiden, die ihre Kontaktsuche als InserentIn beziehungsweise BeantworterIn damit ja signalisiert und dokumentiert haben, zumindest die Chance bietet, sich gegenseitig vorzustellen. Aber dazu später mehr in Kapitel 4.

Zurück zu den Motiven und Intentionen: Von elementarer Bedeutung ist bei der Aufgabe einer Kontaktanzeige unter anderem die Vorgabe, daß man grundsätzlich für sich geklärt haben muß, ob überhaupt (schon wieder zum Beispiel nach einer vorangegangenen Trennung) die Bereitschaft und die Fähigkeit für eine (neue) Beziehung aufgebracht werden kann.

Ist diese Voraussetzung gegeben, müssen ohne Selbstüberschätzung ehrliche und wahrheitsgemäße Antworten auf folgende Fragen gefunden werden:

☞ Wer bin ich?

☞ Was habe ich anzubieten, und was bin ich bereit, einzubringen?

☞ Was will ich?, bzw. was will ich auf keinen Fall?

☞ Was erwarte ich von der/dem anderen?

☞ Was verspreche ich mir von einer Kontaktanzeige?

Die Aufgabe einer Kontaktanzeige ist nur dann erfolgversprechend, wenn man sie mit dem gebotenen Ernst als alternative Form des Kennenlernens betrachtet. Wer (noch) nicht ganz von dieser Möglichkeit überzeugt ist, sollte vielleicht lieber – wenigstens vorläufig – darauf verzichten.

Kapitel 2:
Formale Aspekte

Die Auswahl des Mediums

Obwohl die Konzentration dieses Buches auf privaten Kontaktanzeigen in den Printmedien liegt, scheint es doch unvermeidlich zu sein, zumindest kurz auf die Angebote anderer Anbieter einzugehen.

Wie bereits im Vorwort erwähnt, existieren da nämlich noch andere Möglichkeiten der Vermittlung von Kontakten:

☞ Die Kontaktsuche über Fernseh- oder Radiosender: Allen bekannt sein dürfte die Sendung „Herzblatt" und vielleicht auch die Blind-Date-Show „Alles Liebe ... oder was?". Diesen und allen anderen vergleichbaren Ausstrahlungen ist gemein, daß Ihre Hauptintention auf das Amusement der ZuschauerInnen gelegt wird; die Einschaltquote bestimmt die Form und die Ausrichtung. Bedenkenswert ist auch die limitierte Auswahl an KandidatInnen und die Streuung auf die verschiedensten Regionen, ja sogar Länder (zum Beispiel bei „Herzblatt"). Also sicherlich nur für Menschen erwägenswert, die ihre Privatsphäre einer größeren Öffentlichkeit zugänglich machen möchten und dieses auch mit allen möglichen Implikationen wirklich verarbeiten können und die darüber hinaus flexibel und mobil genug sind, um den „gewonnenen" Kontakt in der Praxis zu erproben.

☞ Die Kontaktsuche über Telefon-Hotlines: Hier sind zunächst die Nummern mit der Vorwahl 0190 zu erwähnen, die die Möglichkeit zur Aufgabe einer eigenen Kontaktanzeige oder zum Abhören anderer bieten. Leicht zu übersehen ist bei der Anwahl einer dieser Nummern, daß die eigene Telefonrechnung mit immerhin *1,15 DM pro Minute* belastet wird. Es ist dennoch ein überlegenswerter Weg, um Leute kennenzulernen; Frau/Mann kann ja wenigstens einmal reinhören und sich selber ein Urteil bilden.

Die berühmt-berüchtigten Kontaktversprechen mit der Vorwahl 00 beginnend sind durchweg Anschlüsse im Ausland, die mit größtenteils *3,12 DM pro Minute* zu Buche schlagen. Hier handelt es sich um das mehr oder weniger nichtssagende Abspulen von automatisierten, sexuellen Anmachtexten oder um die Verbindung mit mehreren anderen AnruferInnen, die gleichgesinnte Intentionen (zumeist Telefonsex) verfolgen, aber häufig so ungeniert durcheinanderreden, daß es kaum zu einer Verständigung kommen kann. Außerdem ist ein totaler Männerüberschuß zu erwähnen, und Frau/Mann kann sich nie sicher sein, ob nicht auch AnimateurInnen des Betreibers mitreden, um AnruferInnen möglichst lange in der Leitung zu halten.

Übrigens sei zumindest Frauen dringend davon abzuraten, Ihre Telefonnummer (und keineswegs ihre Adresse) bekanntzugeben, um möglichem Telefonterror vorzubeugen!

☞ Kontaktsuche über Heirats- oder Bekanntschaftsinstitute: Sicherlich sollte auf diesem Markt zwischen seriösen Anbietern und den sogenannten „Schwarzen Schafen" differenziert werden; fast allen ist aber gemein, daß sie sich ihre mehr oder weniger erfolgreichen Vermittlungsbemühungen fürstlich honorieren lassen.

Natürlich verfolgen auch die Printmedien handfeste kommerzielle Interessen mit der Kontaktsuche über Inserat. Hier sind aber die relativ geringen Kosten für die InserentInnen leicht durchschau- und kalkulierbar. Eine Annonce muß nur einmal bezahlt werden, während zum Beispiel ein Anruf bei den Hotlines Minute für Minute das Guthaben von AnruferInnen unbarmherzig schmelzen läßt. Aber letztlich muß man für sich persönlich klären, welcher Weg am geeignetsten und vielversprechendsten erscheint und verwirklicht werden kann.

Wer sich für die Aufgabe einer Kontaktanzeige in den Printmedien entscheidet, steht dann vor einer sehr großen Auswahl von Publikationen. Neben den lokalen und überregionalen Tages- und Wochenzeitungen bieten auch eine ganze Reihe von Zeitschriften ihre Vermittlungsdienste an. Grundsätzlich kann wohl davon ausgegangen werden, daß die Zeitung, die selber gelesen wird, am geeignetsten ist. Das wird in der Regel die örtlich erscheinende Tageszeitung sein.

Die Aufgabe einer Kontaktanzeige in einer bundesweit herausge-
gebenen Zeitung oder Zeitschrift erscheint wohl nur sinnvoll,
wenn man nicht ortsgebunden und genügend mobil ist, um auch
weit vom Wohnort entfernte Angebote wahrnehmen zu können.

Neben den Herausgabeorten sollte aber noch die jeweilige Ausrichtung – nicht zuletzt auch die politische – der Zeitung/Zeit-
schrift Beachtung finden, da diese Aufschluß über die Einstellun-
gen der LeserInnen und damit potentieller AntworterInnen auf
eine dort erscheinende Kontaktanzeige gibt. Natürlich muß dabei
auch berücksichtigt werden, welche Motive und Intentionen mit
dem Inserat verfolgt werden. So gilt zum Beispiel im Bereich Suche nach PartnerInnen für eine Zweierbeziehung, daß Menschen
mit konservativer und bürgerlicher Lebensphilosophie am besten
in einer Zeitung wie der „Frankfurter Allgemeinen" aufgehoben
sind, während eher unkonventionelle Leute die „taz", vielleicht
die „Frankfurter Rundschau" oder ein Stadtmagazin bevorzugen.
An sexuellen Abenteuern Interessierte könnten am ehesten in ein-
schlägigen Zeitschriften wie zum Beispiel „Blitz-Illu", „Das neue
Wochenend" oder „Privat" auf Feedback stoßen. Für alle genann-
ten Kategorien und im besonderen für die Suche nach zum Beispiel einer/m SportpartnerIn bietet sich aber auch immer die vor
Ort erscheinende Lokalzeitung an.

Die Aufgabe einer Anzeige mit Chiffrenummer

Da man schließlich Antworten auf seine Annonce erwartet, existieren drei Möglichkeiten, wie Sie InteressentInnen den Weg dahin weisen können:

① Die Angabe von Name und Adresse

② Die Angabe der Telefonnummer

③ Die Verwendung einer Chiffrenummer

Zu 1:
Name und Adresse sind bei Kontaktanzeigen absolut tabu. Nach der Veröffentlichung können sich ansonsten – durch unseriöse Menschen verursachte – unangenehme Begleiterscheinungen ergeben.

Zu 2:
Die Angabe der Telefonnummer empfiehlt sich, wenn keine Zweierbeziehung angestrebt, sondern lediglich zum Beispiel ein/e PartnerIn für einen Tanzkurs gesucht wird.

Zu 3:
Grundsätzlich ist die Inanspruchnahme einer vom Verlag vergebenen Chiffrenummer anzuraten, auch wenn sie die Entrichtung einer Zusatzgebühr erforderlich macht. Denn nur so läßt sich die gewollte und notwendige Anonymität der InserentInnen garantieren.

Durch die Zuweisung einer eigenen Chiffrenummer für jede einzelne Kontaktanzeige wird gewährleistet, daß bei der Zeitung eingehende Zusendungen die/den richtigen Adressatin/en erreichen. Die Zuschriften können dann – je nach Vereinbarung – entweder persönlich abgeholt oder durch den Verlag zugeschickt werden.

Fazit:
Keine Abgabe einer Kontaktanzeige ohne Chiffrenummer!

Anzeigen- und andere Kosten

Die Aufgabe einer Kontaktanzeige ist bis auf wenige Ausnahmen mit Kosten verbunden. Diese setzen sich aus dem Preis für die Annonce und für die zusätzlich zu entrichtende Chiffregebühr zusammen. Der Rechnungsbetrag für das Inserat errechnet sich nach der Anzahl der Zeilen oder nach Millimetern, der für die Chiffrenutzung danach, ob eine Zusendung von Antwortschreiben gewünscht wird oder ob diese selber abgeholt werden.

Der finanzielle Aufwand ist bei den verschiedenen Zeitungen sehr unterschiedlich und bewegt sich bei einspaltigen Anzeigen zwischen etwa DM 3,50 bis etwa DM 20,– pro Zeile. Zu diesem Grundpreis ist jeweils die Chiffregebühr hinzuzurechnen, die pro Inserat zwischen DM 4,– und DM 20,– liegt. Es ist also ratsam, sich vor der Formulierung und Aufgabe einer Kontaktanzeige bei der entsprechenden Zeitung über die Gesamtkosten zu informieren.

In vielen Stadtzeitungen und -magazinen, aber auch in überregional vertriebenen Publikationen (zum Beispiel: „Der heiße Draht", „Coupé", „Blitz-Illu") können Kontaktanzeigen kostenlos oder nur gegen eine geringe Gebühr (zum Beispiel für die Zusendung der Antwortschreiben) aufgegeben werden. Neben den Anzeigen- und Chiffregebühren sollten noch Kosten für die Beantwortung der Zuschriften (Porto und/oder Telefongebühren) einkalkuliert werden. Weiterer finanzieller Aufwand, der zum Beispiel durch Verabredungen in einer Kneipe entstehen könnte, ist eigentlich unabhängig von der Kontaktanzeige zu sehen, da dieser ja auch bei anderen Formen des Kennenlernens anstehen würde.

Kapitel 3:
Inhalt und Präsentation der Anzeige

„Schreiben Sie: gepflegter, gutaussehender Strahlemann sucht humorvolle bla bla bla – na, Sie wissen schon!"

Eine Kontaktanzeige ist mit der Bewerbung für einen Job vergleichbar, in der kurz und prägnant die eigenen persönlichen Daten aufgelistet werden. Hinzu kommen noch Informationen, die für die LeserInnen von Interesse sein könnten. Die folgende Anzeige, die in dieser oder ähnlicher Art leider eher der Regelfall ist, mag als Beispiel zur Diskussion unbedingt zu beachtender Krite-

rien für die Aufgabe einer erfolgversprechenden Annonce dienlich
sein:

> Mann, 43/176/87, su. nach großer
> Enttäuschung eine nette u. fröhli-
> che Frau. Zuschr. unt. ✉ A 12345

Dieses Inserat ist durch langweilige, ja nichtssagende Textgestaltung gekennzeichnet. Außer seinen persönlichen Daten und Leiden vermittelt der Inserent keine weiteren verwertbaren Informationen. Dieser etwas schwergewichtige Mann sucht in mitleidhei-
schender Weise offensichtlich nur eine Frau, die ihn wieder auf-
richtet. Es fehlt eigentlich nur noch das Wort „Einsamer" vor
Mann, und die abschreckende Wirkung wäre fast perfekt gewesen.
Denn welche Leserin würde schon auf dieses unattraktive Angebot eingehen wollen?! Mit einer etwas anderen Textgestaltung
wäre sicherlich eine größere Resonanz zu erwarten gewesen; bei-
spielsweise so:

> Nicht ganz leichter Mann, Anf. 40,
> mittelgr., viels. interessiert, möchte
> Neuanf. m. e. humorv. u. einfühls.
> Frau wagen. Zuschr. u. ✉ A 12345

Bei der Durchsicht von Kontaktanzeigen in den Printmedien fällt
auf, daß das Wort „humorvoll" sowohl im Angebot als auch in der
Nachfrage überproportional vertreten ist. Damit wird eigentlich
auch die Richtung signalisiert, in der ein Inserat erfolgversprechend formuliert und gestaltet werden sollte.

Das heißt nun nicht, daß unbedingt das Wort „humorvoll" Verwendung finden müßte, nein, wichtiger ist die Gesamtpräsenta-
tion, die Ausstrahlung der Anzeige. Denn die bloße Nennung einer Eigenschaft wird nicht selten schon durch einen langweiligen

Begleittext widerlegt. Gefragt sind also eher Formulierungen, die durch ihre originelle Art Humor ausstrahlen (Spaß verstehen, über sich selber lachen können, ...) und die den LeserInnen deutlich machen, daß da ein Mensch inseriert, die/der nicht verbissen oder dogmatisch ist. So weit zum grundsätzlich wünschenswerten Erscheinungsbild einer Kontaktanzeige. Dringend erforderlich ist aber auch das Einbringen von eher nüchternen Informationen:

☞ Persönlichkeitsmerkmale der Inserentin/des Inserenten: Wie zum Beispiel das Geschlecht, das Alter, die Größe und die Statur. Falls wichtig erscheinend: Angaben zum Bildungsstand, zum Beruf, zu einer bestimmten Konfessionszugehörigkeit oder auch zum Sternzeichen. Weiter die Nennung von Eigenschaften und Interessen. In gegebenem Falle sollte auch nicht darauf verzichtet werden, die Existenz eines Kindes oder mehrerer Sprößlinge zu erwähnen.

☞ Die Anforderungen an InteressentInnen: Siehe oben. Besonders wichtig ist die Definierung der angestrebten Beziehung (zum Beispiel: SportpartnerIn oder PartnerIn für eine feste Beziehung gesucht). Ratsam scheint auch gleich die Angabe von eventuell vorhandenen Aversionen (zum Beispiel: Nur NichtraucherIn gesucht).

Erstrebenswert sind eindeutige Formulierungen, die keinen Raum für Fehlinterpretationen und Mißverständnisse bieten. Also nicht unkommentiert oder zusammenhanglos zum Beispiel das Wort „tolerant" verwenden, da es sowohl als allgemeine wie auch als sexuelle Einstellung verstanden werden könnte.

Grundsätzlich sollte die Selbstbeschreibung wahrheitsgemäß erfolgen, und es sollten auch keine Versprechungen gemacht werden, die nicht eingehalten werden können. Ansonsten könnte man in Zugzwang geraten und spätestens beim ersten Treffen von der Realität eingeholt werden.

Wer einen originellen und attraktiven Inserattext entworfen hat, kann getrost auf zusätzliche Gestaltungsmöglichkeiten – wie zum Beispiel die Einrahmung der Anzeige – verzichten, da diese ohnehin eher den Eindruck vermitteln, daß man es besonders nötig hätte. Ein ansprechender Text sollte genügen, um mit den vielen anderen, aber eher langweiligen Inseraten erfolgreich konkurrieren zu können.

Als letzter Rat sei noch darauf hingewiesen, daß Abkürzungen nur dosiert Anwendung finden sollten (so z.B.: Alter, Körpergröße und Gewicht), denn zu viele Kürzel könnten verwirrend wirken. Um bei notwendigen Abkürzungen, die der Information dienen, Fehlinterpretationen zu vermeiden, ist es empfehlenswert, das Abkürzungsverzeichnis auf Seite 140 gründlich zu studieren.

Kapitel 4:
Der weitere Ablauf nach der Veröffentlichung

Der Eingang von Zuschriften

Wurde eine Kontaktanzeige in der Samstagsausgabe einer Zeitung veröffentlicht, so können eventuelle Antwortschreiben natürlich frühestens am folgenden Montag nachgefragt werden. Es empfiehlt sich aber, noch ein paar Tage länger zu warten, vielleicht sogar bis zum Freitag, da erfahrungsgemäß viele Reaktionen erst später eingehen. Wer die Zusendung der Antworten vereinbart hat, kann täglich hoffnungsfroh im eigenen Postkasten nachsehen.

Viele InserentInnen sind zunächst enttäuscht über eine eher geringe Anzahl an Zuschriften. Sie vergessen dabei aber, daß der Erfolg nicht an der Quantität, sondern an der Qualität zu messen ist. Denn was nutzen zum Beispiel an die 100 Antwortschreiben, wenn niemand darunter ist, die/der in Frage kommt. Erfreulicher wäre sicherlich, wenn sich unter wenigen Zuschriften etwas Interessantes herauslesen ließe.

Grundsätzlich muß sich jeder Inserent und besonders jede Inserentin darüber klar sein, daß sie/er eventuell nicht nur Antworten von ernsthaft Interessierten erhält. Denn es sind auch Schreiben von kommerziellen Bekanntschafts- und Heiratsinstituten, Heiratsschwindlern, Profibeantwortern und anderen nicht angesprochenen Menschen leider nicht auszuschließen. Diese Antworten sollten – soweit sie als solche erkennbar sind – einfach ignoriert werden. Ähnliches gilt für Zuschriften ohne Nennung des Namens und zumindest der Telefonnummer sowie für Schreiben, die ausschließlich auf einer Schreibmaschine oder am Computer erstellt worden sind.

Aber zurück zu den positiven Aspekten einer Kontaktanzeige. Mit großer Spannung werden die Briefe geöffnet und wahrscheinlich zunächst nur kurz überflogen, um sich einen Gesamtüberblick zu verschaffen. Frau/Mann wird dann die uninteressanten Schreiben aussortieren und sich intensiver mit den Zuschriften beschäftigen, die einen konkreten Bezug zum Inserat haben oder die ansonsten interessant erscheinen. So wird sich letztlich eine kleine Auswahl herauskristallisieren, die einer weiteren Verfolgung wert zu sein scheint.

Nun sollte nicht gleich jede Antwort, die nicht so ganz den Erwartungen entspricht, herausselektiert werden. Denn auch den BeantworterInnen fällt es häufig schwer, die passenden Worte zu finden. Daher im Zweifel wenigstens die unverbindliche Möglichkeit eines Telefongespräches mit der/dem Betreffenden nutzen!

Zuletzt – aber nicht ohne Wichtigkeit – sei daran zu appellieren, daß InserentInnen so fair sind, auch den Menschen zu antworten, die nicht den Vorstellungen entsprechen. Denn auch diese warten gespannt auf Antwort. Eine Absage könnte mit ein paar netten Worten brieflich unter der Angabe der Chiffrenummer ohne die Aufgabe der eigenen Anonymität erfolgen.

Die ersten Telefonkontakte

Nach der Aussortierung der Zuschriften steht irgendwann einmal die telefonische Kontaktaufnahme der Auserwählten an. Sicherlich sollte dafür ein Abend gewählt werden, an dem sie/er ohne zu erwartende Ablenkungen (zum Beispiel: Besuch) ungestört telefonieren kann.

Vor dem Anruf wird der Brief des jeweils betreffenden Menschen noch einmal durchgelesen und nach möglichen Gesprächsthemen durchforstet. Dann wird eine bequeme Sitzgelegenheit gewählt, tief durchgeatmet und die entsprechende Telefonnummer eingegeben.

Manchmal war die vorausgehende Aufregung völlig umsonst, da entweder besetzt ist oder nicht abgenommen wird. Im Extremfall wird sie/er mit einem Anrufbeantworter konfrontiert. In diesem Falle sollte vielleicht wieder aufgelegt und überlegt werden, ob überhaupt und wenn ja, welche Nachricht hinterlegt werden sollte.

Wird der Hörer auf der anderen Seite abgenommen, empfiehlt es sich, sich zunächst davon zu vergewissern, daß auch die/der gewünschte GesprächspartnerIn am Apparat ist. Es könnte sonst etwas peinlich werden, wenn zum Beispiel die falsche Nummer angewählt wurde oder sich ein/e MitbewohnerIn meldet.

Sind diese Fragen geklärt und die/der Richtige in der Leitung, kann mit der Kommunikation begonnen werden. Diese besteht meistens zunächst aus der gegenseitigen Vorstellung und einem Frage- und Antwortspiel, das dem Kennenlernen förderlich ist.

Anhand der Stimme, dem Ausdruck und den Inhalten wird sich recht schnell zeigen, ob einem die/der GesprächspartnerIn sympathisch ist. Daran orientiert sich dann, ob es ein langes oder ein kurzes Gespräch wird, ob weiterer Kontakt gewünscht wird oder nicht.

War das erste Telefonat „erfolgreich", so sollten vor dem ersten Treffen nicht zu viele weitere folgen, da sich ansonsten bei den GesprächsteilnehmerInnen langsam ein subjektives Bild der/des anderen entwickelt, das nicht unbedingt realistisch sein muß. Das gilt besonders für Vorstellungen und Erwartungen bezüglich des Aussehens, die dann beim Treffen enttäuscht werden könnten. Und häufiger kommt es vor, daß sich ein/e am Telefon vermeintlich sympathische/r GesprächspartnerIn in der Realität als Fehlanzeige erweist; nicht selten ist es aber auch umgekehrt. Also lieber nur ein- bis zweimal telefonieren und dann gleich ein Date verabreden!

Das erste Treffen

Bereits Stunden vor dem eigentlichen Treffen werden viele von einer Art Lampenfieber befallen: „Meine Güte, wie sehe ich heute nur aus!? – Der Pickel da, der war doch gestern noch nicht da! – Und diese Ringe unter den Augen! – Was soll ich nur anziehen? – Was mache ich, wenn sie/er mir nicht gefällt? – Was ist, wenn ich ihr/ihm nicht gefalle? – Was soll ich sagen? – Warum habe ich mich nur darauf eingelassen? – Ob ich noch absagen sollte, wenigstens verschieben?", und so weiter.

Fragen über Fragen, ja Selbstzweifel. Übrigens geht es natürlich nicht nur der/dem Inserentin/ten so, sondern auch der/dem BeantworterIn. Also keine Panik! Diese kleine (An-)Spannung spricht ja auch eher für Interesse und ist damit eine gute Voraussetzung für das Kennenlernen eines anderen Menschen. Wer dennoch übernervös ist, die/der darf sich ruhig vorher ein(!) Glas Sekt gönnen, das wirkt häufig Wunder. Beim Treffen sollte allerdings weitestgehend auf den Konsum von Alkohol verzichtet werden. Schließlich möchte Frau/Mann sich ja ein realistisches Bild von der/dem anderen machen und nicht am nächsten Morgen mit einem Kater und der Erkenntnis erwachen, daß die Erinnerung an den Abend eigentlich nichts Verwertbares hergibt.

Als Treffpunkt sollte für das erste Mal auf keinen Fall die eigene Wohnung in Erwägung gezogen werden, da Frau/Mann ja noch nicht genug über die andere Person weiß. Am besten wird ein neutraler Ort in der Öffentlichkeit, zum Beispiel eine ruhige Kneipe, gewählt. Auch für eine vom anderen unabhängige An- und Abfahrt (zum Beispiel: Taxi, eigenes Auto) sollte Sorge getragen werden. Denn es wäre doch sehr unangenehm, wenn sie/er auch bei Antipathie auf die/den anderen angewiesen wäre, und außerdem muß ja nicht gleich die eigene Adresse bekannt werden.

Was das eigene Aussehen und Outfit angeht, so muß Frau/Mann es so akzeptieren, wie es nun einmal ist. Es macht wohl wenig Sinn, hier krampfhaft an sich herumzubasteln und zu -doktern, nur um einem anderen Menschen dann möglicherweise besser zu gefallen. Jede/r sollte sich die eigene Identität bewahren und diese bestenfalls durch kleinere Hilfsmittel unterstreichen. Sich verkleiden (aufdonnern) im Sinne von: „Jetzt mache ich mich mal so richtig schick" wird früher oder später zu Frustrationen führen, da Frau/Mann sich in diesem ungewohnten Outfit nicht wohl fühlt. Also bitte nicht „aufmotzen", sondern die Klamotten wählen, die auch sonst getragen werden! Ansonsten könnte ja auch ein völlig falscher Eindruck entstehen, der nicht unbedingt zum gewünschten Vorteil gereichen muß. Übrigens sollten Frauen, auch wenn es zu ihrer üblichen Garderobe gehören sollte, nicht unbedingt einen Minirock wählen, da dieser bei Männern zu nicht beabsichtigten Interpretationen führen könnte!

Die/der andere soll uns so akzeptieren, wie wir sind, oder sie/er scheint es nicht wert, den erworbenen Kontakt auszubauen. Wer bereits am Anfang falsche Kompromisse eingeht, programmiert spätere Konflikte schon ein.

Wichtiger als die Äußerlichkeiten sollten ja eigentlich die inneren Werte sein, auch wenn erstere natürlich zunächst von nicht zu unterschätzender Bedeutung sind. Ist das Aussehen für den anderen von absoluter Priorität und entzieht sich bei Nichtgefallen der Chance, unsere ganze Persönlichkeit kennenzulernen, dann ist ihr/ihm nicht zu helfen. Einfach unter Erfahrungen abheften und vorwärts blicken!

Nun gibt es drei mögliche Ergebnisse eines ersten Treffens:

☞ Beide sind sich sympathisch.

☞ Sie finden die/den andere/n sympathisch, aber sie/er zeigt kein Interesse an Ihnen.

☞ Sie finden keinen Gefallen an der/dem anderen, aber sie/er ist von Ihnen angetan.

Eine ideale Voraussetzung für die Verabredung weiterer Treffen und damit für den möglichen Aufbau der angestrebten zwischenmenschlichen Beziehung wäre natürlich die erste Variante. Es muß ja nicht gleich die große Liebe auf den ersten Blick sein; wichtig ist nur, daß Frau/Mann ein gutes Gefühl mit nach Hause nimmt. Wer sich sicher ist, sollte nicht darauf warten, daß die/der andere ein weiteres Treffen vorschlägt, sondern selber dazu die Initiative ergreifen.

Wenn Sie durch mehr oder weniger deutliche Hinweise zu der Vermutung gelangen, daß die/der andere keinen Gefallen an Ihnen findet, Sie sich aber durchaus weitere Treffen vorstellen könnten, dann sollten Sie sich Ihr weiteres Vorgehen gut überlegen. Möchten Sie sich die Enttäuschung einer möglichen negativen Antwort auf Ihre Frage nach weiterem Kontakt ersparen, wird Ihnen nichts anderes übrigbleiben, als auf die Initiative der/des anderen zu hoffen, was bei deren Ausbleiben nicht weniger frustrierend sein dürfte. Also fassen Sie lieber gleich Ihren ganzen Mut zusammen, und werden Sie aktiv, bevor Sie sich irgendwelchen trügerischen

Hoffnungen hingeben könnten oder auch eine Chance vertun. Fragen Sie direkt, oder versuchen Sie geschickt herauszufinden, ob die/der andere an weiteren Begegnungen interessiert ist.

Etwas problematischer könnte es werden, wenn Ihnen die/der andere nicht gefällt, sie/er aber offensichtlich den Kontakt fortführen möchte. In diesem Falle empfiehlt es sich, freundlich, aber bestimmt und eindeutig das eigene Desinteresse zu artikulieren. Also lieber gleich – auch der Fairneß wegen – für klare Verhältnisse sorgen; das kann so manche unangenehme Komplikation verhindern.

Kapitel 5:
Vorschläge für pfiffige Texte

„Und was hältst du von: Armer Schlucker liebt Wein, Weib
und Gesang!?"

Die folgenden Beispieltexte für Kontaktanzeigen sollen nur ein
Gerüst für den Aufbau bilden. Daher wurde besonderes Gewicht
auf den – vergleichbar den bei Zeitungsartikeln üblichen Headli-
nes – Aufmacher gelegt und weitestgehend auf das Einbringen
persönlicher Eigenschaften, Interessen, Vorstellungen und Erwartungen verzichtet.

Wer eines oder mehrere Textbeispiele entdeckt hat, die für
sie/ihn in Frage kommen, die/der fügt den Kernaussagen einfach

die eigenen subjektiven Daten und Merkmale zu. Natürlich können die verschiedenen Texte auch untereinander kombiniert oder auch verändert werden. Die Hauptsache ist, daß daraus der Inhalt einer Kontaktanzeige entsteht, mit der sich die/der InserentIn völlig identifizieren kann.

Um Ihnen einen besseren Überblick zu geben und eine gezielte Suche zu ermöglichen, werden die folgenden Beispiele – anders als in den meisten Zeitungen üblich – nach weiblichen und männlichen Gesuchen und in jeweils vier Kategorien unterschieden, präsentiert. Dennoch kann es nur von Vorteil sein, wenn sämtliche Angebote durchgelesen werden, da sich so noch die eine oder die andere Anregung finden läßt.

Kapitel 6:
Frau sucht Partner
für eine feste Beziehung mit oder ohne
Trauschein

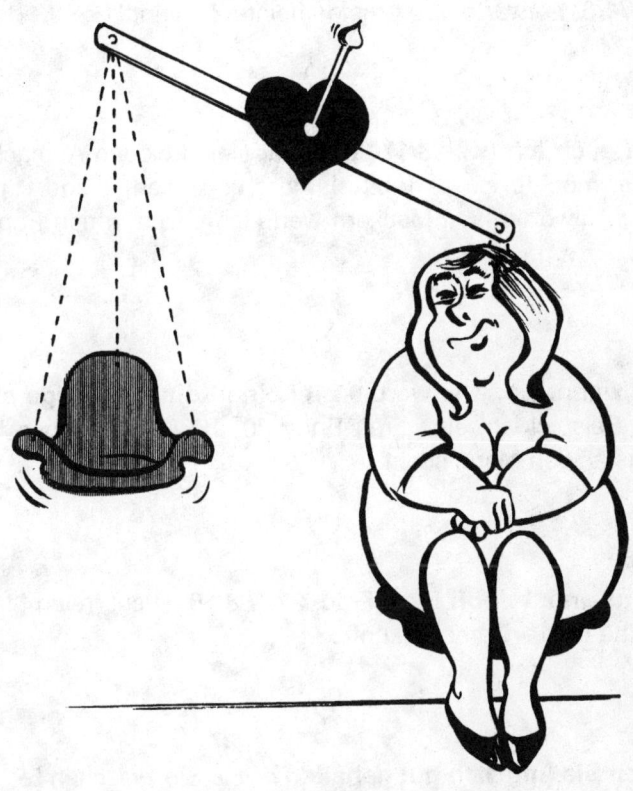

Dicke (28/168) sucht Gegengewicht (♂)! ✉ A 12345.

5 vor 12? Nein, aber Frau (34/173) sucht trotzdem einen abwechslungsreichen Mann, der weiß, was die Stunde geschlagen hat. ✉ . . .

Der nächste bitte! Ja, Sie (m.) sind gemeint! Ich (w., 31/171/61) erwarte Ihre ernstgemeinte Zuschrift! ✉ . . .

Jetzt auch ich (w., 28/170/61): Der vielen blöden Anmachen müde, möchte ich es jetzt einmal auf diesem Wege versuchen. Antworten von Mackern werfe ich gleich in den Papierkorb. ✉ . . .

Wer, wann, wo, wie, warum gibt eine Kontaktanzeige auf? Zum Beispiel ich, eine Frau Ende 20, 169/62, die einen bindungsfähigen Mann sucht. ✉ . . .

Alleinsein ist doof! Freie Frau, 27/168/56, sucht freien Mann für eine gemeinsame Zukunft. ✉ . . .

Haben Sie (m.) sich gut gehalten? Sind Sie zwischen 55 und 65 Jahre alt und suchen eine herzerfrischende Frau Ende 50? Dann erwarte ich Ihre Antwort! ✉ . . .

Drei Dinge braucht der Mann: Mich, mich und nochmals mich (♀, 31/170/63)! Wer's glaubt, der antwortet mir! ✉ . . .

Ich kenne die Männer! Aber Frau (28/169/57) soll die Hoffnung ja nie aufgeben. Vielleicht ist ja der eine oder der andere noch ganz brauchbar. Vielleicht Du? ✉ . . .

Frau mit siebtem Sinn, 24/171/62, sucht Mann, der nicht nur mit dem sexten Sinn ausgestattet ist. ✉ . . .

Ich (w., 27/173/62) suche nicht den Erstbesten, nein, es muß schon der Beste sein! Welcher optimistische Mann wagt es, mir zu antworten? ✉ . . .

Blonde, blauäugige Friseuse aus den neuen Bundesländern, 25/172/60, sucht einen intelligenten Wessie-Mann zur Verwirklichung der deutschen Einheit. ✉ . . .

Gutmütige Hexe, 33/170/61, sucht einen knusprigen Mann für eine märchenhafte Beziehung. ✉ . . .

Attraktive Frau-Frau-Frau (27/168/61) sucht einen Mann-Mann-Mann, für den Aufbau-bau einer gleichberechtigten Partnerschaft-schaft. Positives Echo bitte unter ✉ . . .

Erst hatte ich kein Glück in der Liebe, dann kam auch noch Pech dazu! Frau, 32/165/57, hofft mit Dir (m.) ihr Glück gefunden zu haben. ✉ . . .

Wir (w., 34/170/59 und w., 4 Jahre) suchen das passende männliche Puzzleteil. ✉ . . .

Stolze, selbstbewußte und verspielte Katze (28/172/62) sucht einen Hausmenschen für eine Haushaltsgemeinschaft. Er sollte aber auch unternehmungslustig und bindungswillig sein! ✉ . . .

Haben Sie (m.) 10 Sekunden Zeit für mich? Ich, w., 28/171/62, würde mich nämlich freuen, wenn Sie meine Anzeige durchlesen und mir dann antworten! Für den Brief können Sie sich ruhig mehr Zeit nehmen! ✉ . . .

Und!? Willst Du (m.) mir nicht antworten!? Ich (w., 30/169/60) würde mich jedenfalls sehr darüber freuen und Dich dann auch gerne persönlich kennenlernen. ✉ . . .

Gibt es Dich überhaupt? Frau, 29/167/61, sucht einen Mann, der sein Glück auch in einer festen Beziehung finden möchte. . . .

Experimentierfreudige Frau, 25/170/60, sucht bindungsfähigen Mann für einen Langzeitversuch. . . .

Stinknormale Frau, 28/168/63, sucht einen stinknormalen Mann für eine stinknormale Partnerschaft. . . .

Organspender gesucht! Welcher interessante Mann schenkt mir (w., 28/168/61) sein Herz? . . .

Frau, 31/169/63, sagt sich immer: Besser einen Mann, der was aushält, als einen, der nicht auszuhalten ist! Welcher konfliktfreudige Mann möchte sich melden? . . .

Da wüßte Mann, was er hat: Frau, 28/170/59, attraktiv, intelligent, kinder- und tierlieb, . . ., möchte sich mit einem tollen Mann fest binden. . . .

Ich (w., 23/171/62) wäre gerne dabei, wenn Du (m.) meine Eltern um meine Hand bittest! Ich erwarte Deine Antwort zwecks Terminabsprache unter ✉ . . .!

Frau, 36/168/60, mit Herz und Katze, sucht für eine feste und faire Partnerschaft einen unkomplizierten Mann. ✉ . . .

1 Single (♀) + 1 Single (♂) = 1 Paar!? Attraktive Frau, 29/169/60, würde sich jedenfalls freuen, wenn es mit uns klappen würde. ✉ . . .

So soll er sein: Reich und schön, großzügig und verspielt, tolerant und nachgiebig! Quatsch, mir (w., 31/173/64) reicht eigentlich ein ganz natürlicher Mann bis Mitte 30. ✉ . . .

Ich (w., 34/165/60) wachte eines Morgens auf und merkte, daß Du (m.) nicht neben mir lagst! Da ich Dich vermisse, solltest Du Dich schnell bei mir melden! ✉ . . .

Menschin, 34/171/63, bietet verläßliche Kameradschaft, Freundschaft und vielleicht mehr. Mensch sollte ähnliche Vorstellungen haben! ✉ . . .

Auch wenn das hier nicht die Kontaktanzeige des Monats wird, so ist sie wohl dennoch geeignet, einen Mann anzusprechen, der eine Frau (25/171/61) kennenlernen möchte, die eine harmonische Partnerschaft anstrebt. ✉ . . .

Erkläre mir mal eins: Warum liest Du (m.) auch die vielen anderen Anzeigen durch, obwohl Du genau weißt, daß nur ich (27/168/61) die Richtige für Dich bin? ✉ . . .

Im Namen des Volkes: Alle Männer zwischen 25 und 35 Jahren, die eine feste Beziehung möchten, sollten auf diese Anzeige antworten! Eine humorvolle Frau, 31/168/61, erwartet schwungvolle Angebote. ✉ . . .

Mein (♀, 24/170/60) Biorhythmus zeigt für den 20. bis 26. Juni eine Superkonstellation an! Daher solltest Du (♂) mir schon jetzt antworten, damit wir uns rechtzeitig verabreden können! ✉ . . .

Es tut mir (w., 30/170/57) leid für Dich (m.), daß Du mich bisher noch nicht kennengelernt hast. Aber wenn Du jetzt nicht antwortest, dann bist Du selber schuld! ✉ . . .

Gemeinsam könnten wir etwas erreichen! Welcher vorzeigbare Mann möchte auch nicht mehr alleine vor sich hinkröpeln und lieber mit mir (w., 29/165/61) eine Zweierbeziehung wagen? ✉ . . .

Der Mann, den ich (w., 31/170/57) lieben könnte, der sollte nicht zu schön, nicht zu häßlich, nicht zu groß, nicht zu klein, nicht zu dünn, nicht zu dick, nicht zu arm, nicht zu reich, nicht zu . . . sein! Und wer bist Du? ✉ . . .

Hiermit beantrage ich (w., 34/167/61), Dich (m.) kennenzulernen! Bitte eintragen: Name: . . . . ., Telefonnummer: . . . . ., Persönliche Daten und Interessen: . . . .! ✉ . . .

Gebrauchsanleitung: Sie (m.) antworten auf meine (w., 27/173/64) Anzeige, und ich ziehe Ihr Schreiben dann wohlwollend in Erwägung! Strengen Sie sich an, damit Sie zumindest in die Vorauswahl kommen! ✉ . . .

Irgend etwas muß ich (w., 30/170/61) falsch machen! Jedenfalls treffe ich fast nur auf Männer, die sich nicht fest binden wollen. Bist Du da anders? ✉ . . .

Anspruchsvolle Frau, 32/170/63, sucht einen Lebenspartner, der gut ist im Beruf, im Haushalt und im Bett! Hast Du das zu bieten? ✉ . . .

Unzertrennliches Trio (Frau/Sohn/Katze, 26/3/4 J.) denkt über Erweiterung nach. In Frage kommt ein sehr kinder- und tierlieber Mann bis sagen wir mal 30 J., der das Abenteuer Familie sucht. ✉ . . .

Wie sollen wir uns denn kennenlernen, wenn ich (w., 24/171/61) nicht dieses Inserat aufgeben würde? Hast Du (m.) andere Vorschläge? ✉ . . .

Nur nicht drängeln! Jeder interessante Mann bis 35 J. erhält die Chance, mich (w., 29/170/61) kennenzulernen. Allerdings müßtest Du schon bindungswillig sein! ✉ . . .

Chauvis, Machos, Paschas, ab geht's in den Ascher! Emanzipierte Frau, 28/173/63, sucht einen bindungsfähigen und -willigen Lebensabschnittspartner. ✉ . . .

Yin & Yang! Welchem Mann sagt das etwas? Frau, 24 Jahre, wird es ja bald erfahren. ✉ . . .

Welche Eltern suchen eine Schwiegertochter, die auf Familienbande steht? Ich (w., 28/167/57) würde gerne Ihren Sohn kennenlernen und bei Sympathie heiraten. ✉ . . .

Der Gesundheitsminister warnt: Alleinsein gefährdet Ihre Gesundheit! Frau, 28/173/67, möchte Dich (m.) davor bewahren. ✉ . . .

Echte Zweisamkeit mit Perspektive gesucht! Frau, 26/167/61, sucht einen Lebenspartner, der auch auf feste Bindung steht. ✉ . . .

Frau, 28/167/62, sucht Partner an ihrer Seite. Bewerbungsunterlagen bitte ausfüllen und einsenden! Notwendige Angaben sind: Name, Alter, Größe, Gewicht, Interessen und Telefonnummer. Foto wäre auch nicht schlecht! ✉ . . .

Männer – wo bleibt Ihr denn?! Ich (♀, 29/174/63) bin immer noch solo. Wer Lust hat, diesen Zustand zu ändern, der sollte mir einen interessanten Brief schreiben! ✉ . . .

Ich (w., 27/166/56) bin die Frau für eine Nacht, für eine tolle Hochzeitsnacht! Welcher bindungswillige Mann möchte um mich werben? ✉ . . .

Lieber Postbote! Entschuldigen Sie bitte, daß Sie in der nächsten Woche schwer an den vielen Antworten auf meine (w., 25/171/61) Anzeige zu tragen haben werden. Im Erfolgsfalle werden Sie natürlich zur Hochzeit eingeladen. ✉ . . .

Wer bist Du (m.) denn? Ich bin Claudia, 24/172/64, und suche einen festen Partner. Laß mal von Dir hören! ✉ . . .

Meine Freundin Ulrike sucht einen interessanten Lebenspartner! Quatsch, ich (w., 29/170/64) bin es selber. ✉ . . .

Wie ich (w., 34/168/61) hörte, sind Sie ein Mann, der eine feste Beziehung anstrebt! Da es mir genauso geht, sollten Sie mir unbedingt antworten! ✉ . . .

Toi-Toi-Toi! Ich (w., 28/57) hoffe, daß ich die richtige Partnerin für Dich (m., bis 35 J.) sein werde. Wollen wir es einmal versuchen? ✉ . . .

Löwin, 34/173, hat das Jagen satt! Welchem Mann auf freier Wildbahn geht es ähnlich? Wenn Du schlank, temperamentvoll und vielseitig bist, dann erwarte ich Deine Antwort! ✉ . . .

Knuddeln und geknuddelt werden, Klönen und Flachsen, das möchte Frau, 36/172/64, gerne mit einem bindungswilligen, schlanken Mann erleben. . . .

♡

Sekretärin, 32/168/62, häuslich wie unternehmungslustig, sprich: eine ganz normale Frau, könnte sich vorstellen, mit einem humorvollen und liebenswerten Mann den Alltag aufzupeppen. . . .

♡

Rund und gesund: Frau (35/167) sucht den robusten, aber zärtlichen Mann, der mit ihr eine feste Partnerschaft aufbauen möchte. . . .

♡

Gut drauf? Damit es noch besser wird, solltest Du (m., groß, schlank und geistreich) mich (w., 24/175) unbedingt kennenlernen! . . .

♡

Grenzenlos ist meine (w., 28/172/67) Sehnsucht nach Zärtlichkeit, Geborgenheit und fester Bindung! Wo ist der Mann, der ähnlich fühlt? . . .

♡

Blitz und Donner werden unser (Ich: w., 26/170) erstes Treffen begleiten, wenn Du, m., groß, schlank und willig bist. Hoffentlich hagelt es reihenweise Zuschriften brauchbarer Männer! ✉ . . .

♡

Glasklar, ich (♀, 41/172) suche einen durchschaubaren Typen! Er sollte außerdem mit Selbstironie und einer gesunden Portion Selbstbewußtsein ausgestattet sein! ✉ . . .

Wessie-Frau (32/171/63) sucht interessanten Ossie-Mann zur Gründung einer großen Wossie-Familie. ✉ . . .

Frau mit Vergangenheit, 34/171/67, sucht einen Mann mit und für Zukunft. ✉ . . .

Attraktive Sie, 24/175, sucht auf diesem Wege einen schlanken Mann, mit dem Sie durch dick und dünn gehen kann. ✉ . . .

Venus von unbeschreiblicher Anziehungskraft (25/171/61) sucht den männlichen Magneten, der auf feste Verbindung steht. ✉ . . .

Na, heute auch wieder alleine gefrühstückt? Das muß nicht sein, denn auch ich (w., 31/177) möchte dieser Misere ein Ende bereiten. Vielleicht mit Dir (m., groß und schlank)? ✉ . . .

Lady in black, 27/170/61, sucht den draufgängerischen Mann für ein pulsierendes Leben. Keine Jammerlappen! ✉ . . .

Lieber im Wasser lieben als ohne Liebe verwässern! Ich (w., 33/166, schlank) suche daher einen Mann für Ebbe und Flut. ✉ . . .

Willst Du (m.) guten Sex? Ich (w., 29/172/64, sehr attraktiv) auch! Wir müssen uns allerdings bis nach unserer Hochzeit gedulden, denn vorher läuft gar nichts! ✉ . . .

Junge Mutti (26/173/64) und Sohn (2 J.) suchen verantwortungsvollen Mann, der durch Ehrlichkeit besticht. ✉ . . .

Frau, 28/168/60, unkonventionell, sucht einen Mann, der ihr auf Dauer drei Wünsche gleichzeitig erfüllt: Freund – Partner – Liebhaber! Wer das zu bieten hat, sollte sich schleunigst melden! ✉ . . .

Deine Traumfrau bin ich wahrscheinlich nicht – obwohl!? Frau, 29/170/63, attraktiv, sucht einen optimistischen Mann mit Charakter, ✉ . . .

Wo ist der Mann für mich? Frau, Anfang 30, sucht einen Mann für eine feste Beziehung, der weder Spießer noch Softie noch Spargeltarzan ist! Sollte es Dich geben, so gebe Dich zu erkennen! . . .

Frührentnerin, 43/168/67, sucht Lebenspartner bis 40, ab 180, kein Bartträger! Raucher und Sportmuffel angenehm! . . .

Neue Männer braucht das Land! Gibt es denn in dieser Stadt keine Männer mehr, die nicht gebunden oder/und nicht homosexuell sind? Interessante Frau, 34/170, erwartet Euer Lebenszeichen. . . .

Jubiläum! In 12 Tagen werde ich (w., 168/61) 250 Monate jung. Welcher großzügige und gesellige Mann schenkt mir sein Herz? . . .

Wir sind uns zwar noch nicht begegnet, aber ich (w., 27/173/64) weiß, daß es Dich (m.) gibt. Jetzt könnten wir natürlich auf den Zufall warten, aber schneller geht's wohl, wenn Du mir jetzt antwortest! . . .

Jetzt reicht's! Frau, 34/170/61, ist ab sofort gewillt, ihr Single-Leben aufzugeben! Welcher ungebundene Mann möchte mich kennen- und liebenlernen? . . .

Vorfahrt ins Glück für einen Mann, der mich (♀, 28/164/50) zu begeistern versteht! Er sollte temperamentvoll, kulturell und politisch interessiert sein. Keine Rechtsabbieger! ✉ ...

Es käme auf einen Versuch an! Frau, 31/167/65, mit Haken und Ösen, sucht einen tatkräftigen Mann, der die Freuden und Leiden des Lebens mit ihr teilt. ✉ ...

Kennen Sie einen interessanten Mann im heiratsfähigen Alter? Wenn ja, dann sollten Sie mir (w., 30/168/56) unbedingt seine Telefonnummer mitteilen, damit ich prüfen kann, ob er zu mir paßt! Vielleicht legen Sie ja auch noch ein Foto bei!? ✉ ...

Etwas komische Sie, 22/173/64, sucht merkwürdigen Ihn für eine rätselhafte Partnerschaft. ✉ ...

Gut beraten ist der Mann, der auf diese Anzeige antwortet! Denn ihn erwartet eine attraktive Frau (29/170/61), die so langsam mal an Heirat denkt. ✉ ...

Kompromißbereit? Frau, 40/171/63, sucht einen Mann, der mit ihr eine Beziehung eingehen möchte, die zwischen Affäre und Heirat liegt. ✉ ...

Suchst Du (♂) nur eine Bettgefährtin, eine Putzfrau oder eine Superfrau, dann solltest Du gleich zur nächsten Anzeige übergehen! Ich, 32/167/63, bin nämlich nur an einem einfühlsamen Mann interessiert, der kein Macker ist. ✉ ...

Just married! Klingt gut! Frau, 28/171/62, möchte einen interessanten Mann kennenlernen, der das ähnlich sieht. ✉ ...

Prima Klima wünscht sich attraktive Frau, 27/170/65, nicht nur, was das Wetter angeht, sondern auch für ihre Partnerschaft mit einem liebenswürdigen Mann. ✉ ...

Favorit ist für mich (w., 34/167/56) ein Mann, der mich in seinem Antwortschreiben auf humorvolle Weise von seinen ernsten Absichten überzeugt. ✉ ...

Ich (w., 34/168/61) brauche nicht viel zum Glücklichsein! Mir reicht schon ein attraktiver, humorvoller und reicher Mann bis Mitte 30, der um meine Hand anhält. ✉ ...

Einzeln nicht zu haben! Frau, 29/172/64, und Tochter, 5 J., möchten gemeinsam mit einem lustigen und verantwortungsbewußten Mann die Zukunft erforschen. ✉ ...

Man(n) muß die Feste feiern, wie sie kommen! Frau aber auch! Sie, 31/166/65, freut sich schon auf ihre Verlobungs- und Hochzeitsfeier vielleicht mit Dir. Vorher sollten wir uns aber schon ineinander verlieben! ✉ . . .

Bin ich zu anspruchsvoll? Attraktive Frau, 29/171/67, sucht einen gutaussehenden, humorvollen und empfindungsreichen Mann in gesicherter beruflicher Position. Kein Alptraumprinz! ✉ . . .

Sag mir, daß ich schön bin! Sag mir, daß ich klug bin! Sag mir, daß Du mich heiraten möchtest! Ich (w., 26/167/56) freue mich auf Deine Antwort (mit Bild?). ✉ . . .

Sex vor der Ehe? Nein, ach nein, ich (w., 26/171/64) bin da echt zu konservativ eingestellt. Allerdings könnte der Richtige mich vielleicht mit plausiblen Argumenten umzustimmen versuchen! Er sollte aber schon ernste Absichten haben! ✉ . . .

Woher soll ich (w., 27/173/65) wissen, ob Du mein Traummann bist, wenn wir uns bisher noch nicht kennengelernt haben? Jetzt vertrödel nicht noch mehr Zeit, sondern schreibe mir noch heute! ✉ . . .

Oskar-verdächtig: „Das Traumpaar"! Hauptdarsteller: Du (m.) und ich (w., 27/167/60). Regie: Das Leben. ✉ . . .

Nichts wird mehr dem Zufall überlassen! Daher plane ich (w., 32/170/64) mit dieser Anzeige einen interessanten Mann kennenzulernen, mit dem ich eine tolle Partnerschaft eingehen kann. ✉ . . .

Es lohnt sich – weiterzulesen! Kluge Frau, 31/167, mit viel Esprit, sucht guten Kumpel, Freund und Liebhaber. Vielleicht sollten wir uns einmal beschnuppern!? ✉ . . .

Second hand, aber trotzdem 1. Wahl: Frau, 27/167/61, möchte einen Mann kennenlernen, der sich auch schon ausgetobt hat. ✉ . . .

Reich und schön muß er nicht unbedingt – aber dumm und humorlos darf er auf keinen Fall sein: Mein Traumpartner! Ich (w., 36/167/62) denke, so ein Mann sollte sich doch finden lassen. ✉ . . .

Entschuldige, daß ich so direkt frage: Bist Du (m.) bindungsfähig und -willig? Wenn ja, solltest Du mir (w., 31/168) unbedingt antworten! ✉ . . .

Das Wort, das meiner (w., 29/172/67) Sehnsucht Ausdruck verleiht, hat fünf Buchstaben, fängt mit L an und hört mit e auf: L...e! Welcher interessierte Mann um die 30 fühlt sich angesprochen? ✉ ...

Frau mit grünen, verglasten Augen, 29/170/62, möchte mal einen Blick auf einen attraktiven Mann riskieren, der an einer gleichberechtigten Partnerschaft interessiert ist. ✉ ...

Die neue Zauberformel für eine harmonische Ehe:
ER: m., um die 30, groß und schlank, in gesicherter beruflicher Position, kein Stubenhocker,
ICH: w., 28/168/59, vielseitig interessiert, berufstätig. ✉ ...

Ist es wahr, daß auch Du (m.) auf der Suche nach der Traumbeziehung bist? Schön, dann solltest Du mir (♀, 32/171/62) vielleicht einmal Deine Telefonnummer mitteilen! ✉ ...

Große Frau, 29/69, sucht einen Mann im Format eines Basketballspielers, der ihr keinen Korb gibt. ✉ ...

Ibiza-Girl, 23/172, möchte mal etwas Festes. Suche daher einen maskulinen Ihn für eine stark sinnliche Zweierbeziehung. Kein Birkenstockträger! ✉ ...

Liebe auf die erste Zeile?! Damit es aber wirklich funkt, solltest Du (m.) meine ganze Anzeige durchlesen! Ich, w., 30/170/61, attraktiv, unternehmungslustig wie häuslich, möchte nämlich verhindern, daß Du und ich die Chance unseres Lebens verpassen. Also greif jetzt schnell zu Kuli und Papier! ✉ . . .

Kapitel 7:
Frau sucht PartnerIn
für einen neuen Bekanntenkreis und/oder
Freizeitaktivitäten

„Eigentlich wollte ich euch meinen Neuen erst auf
der Faschings-Fete vorstellen."

Hoffentlich antwortet mein blöder und langweiliger Nachbar nicht auf meine Anzeige! Ich (w., 26/172/63) würde viel lieber Dich, den interessanten und sportlichen Mann um die 30 kennenlernen! ✉ A 12345

Jeden Mittwoch zwischen 18:00 und 20:00 Uhr hätte ich (w., 28 Jahre) Zeit und Lust auf ein Tennismatch mit einer/m fortgeschrittenen AnfängerIn! ☎ 12345 (abends!).

Bruderschaft trinken gehört zu den prickelnden Augenblicken im Leben! Leider sind heutzutage alle gleich auf Du und Du. Welcher genußsüchtige Mann bis 40 J. spricht mich (w., 36/174/62) zunächst mit Sie an? ✉ . . .

Ich (♀, 25/172/62) würde Dir (♂) ja gönnen, daß Du mich mal kennenlernst. Dazu müßtest Du mir allerdings erst einen tollen Brief schreiben! ✉ . . .

Tanzt Du (m.) gerne? Dann freue ich (w., 32/167/61) mich schon riesig auf Deine Antwort. ✉ . . .

40:30 ist nicht nur ein möglicher Spielstand, wenn wir zusammen Tennis spielen. Nein es ist auch meine Altersvorstellung für einen Mann, der mal Lust auf ein Match mit mir hat. ✉ . . .

Frischgebackene Omi, 42/167/56, sucht knusprigen Opi für allerlei Aktivitäten. ✉ . . .

Mich (w., 24/170/61) darf Mann keine 5 Minuten aus den Augen lassen! Denn ich habe jede Menge Blödsinn im Kopf und hoffe, daß sich auf meine Anzeige ein paar Menschen melden, die Lust auf gemeinsame Streifzüge haben. ✉ . . .

Reich? An Erfahrungen bestimmt, aber ansonsten sucht schlechtbezahlte Sekretärin, 34/170/64, einen großzügigen Mann für gemeinsame Unternehmungen. ✉ . . .

An alle Doppelkopf-Spieler: Welcher Mann möchte mal Hochzeit ansagen, ohne gleich heiraten zu müssen? Verspielte Frau, 24/172/62, erwartet gespannt Deine Antwort! ✉ . . .

Eleonore, 34/168, Idealistin, möchte einen umweltbewußten und kulturinteressierten Mann kennenlernen, der 5 auch mal gerade sein lassen kann. ✉ . . .

Frau, 25/170, neu in der Stadt, möchte einen unkonventionellen Typ kennenlernen, der sich nicht nur in den Straßen zurechtfindet. ✉ . . .

Spontaneität gefragt? Etwas alberne, powervolle Frau, 23/170, möchte einen Teil ihrer Freizeit mit einem berauschenden Typen verbringen. Szene-Mensch wäre sehr angenehm! ✉ . . .

Jungfrau (24/167/57) sucht wasserscheuen Wassermann für spritzige Unternehmungen an Land. ✉ . . .

Gleich und gleich gesellt sich gerne! Unkonventionelle Frau, 36/169, sucht ebensolchen Mann für das eine, aber auch für das andere. Bloß kein bürgerlicher Spießer! ✉ . . .

Sportlich? Der Weg vom Fernseher bis zum Kühlschrank ist Dir (♂) nicht zu weit? Großartig, dann erwarte ich (♀, 26/171) Deine Zuschrift! ✉ . . .

Sportbegeisterte Frau (24/174/65) sucht Schlagabtausch auf dem Tennisplatz mit fortgeschrittener/m, aber nicht zu ehrgeiziger/m Frau oder Mann. ☎ 12345 (nach 18:00 Uhr).

Licht aus, Spot an! Vanessa, 23/173/67, attraktiv, spontan, gewitzt, hat sich aus den Zwängen ihrer Zweierbeziehung befreit. Welcher freiheitsliebende Typ möchte mal mit ihr ausgehen? ✉ . . .

Lady in Black, 34/171/63, sucht männliche Begleitung für Theater, Museum und ähnliches. ✉ . . .

Heute schon gelebt? Nein?! Dann wird es höchste Zeit für eine Antwort auf meine (w., 23/171/63) Anzeige! Es dürfen sich Frauen und Männer bis 30 Jahre melden! ✉ ...

Ein weibliches Team (27/167/61 und 7 J.) sucht ein männliches Team mit Lust auf viele gemeinsame Unternehmungen. ✉ ...

Mein Kopf sagt mir (w., 34/166/61): Laß es sein! Mein Bauch sagt mir: Gib doch mal eine Kontaktanzeige auf! Hier ist sie. ✉ ...

Ohne Wenn und Gelaber: Ich (w., 26/170/61) möchte viele nette Leute kennenlernen, mit denen ich die Stadt unsicher machen kann. ✉ ...

No Smoking! Frau, 32/170/67, gerade auf Gesundheitstrip, sucht einen Mann, der weder blauen Dunst verbreitet noch in edlem Zwirn durch die Gegend rennt. ✉ ...

Ich (w., 25/167/58) habe Dich (m.) in Verdacht, daß es Dir Spaß macht, mit einer Frau wie mir die Gegend unsicher zu machen. Stimmt's, oder habe ich recht? ✉ ...

Fehl-Anzeige? Ich hoffe nicht. Frau, 24/167/67, sucht Mann, der sie für ihre Inseratskosten zumindest mit einer Einladung zu einem guten Essen entschädigt. ✉ . . .

Hop oder Top!? Neugierige und unternehmungslustige Frau, 26/172/65, sucht den ultimativen Nachtschwärmer. ✉ . . .

Pool-Billard-Spielerin, 28 J., sucht zum Versenken der Kugeln noch ambitionierte MitspielerInnen. ☎ 12345 (abends).

Frau (24/165/57) will Spaß! Vielleicht mit Dir (m., bis 30, schlank)? Unternehmungslustige Typen mit Power erhalten den Zuschlag. Bis bald! ✉ . . .

Erlaubt ist, was gefällt! Tolerante Endzwanzigerin (170/67) sucht einen Mann für abwechslungsreiche Freizeitgestaltung. ✉ . . .

Na also, es geht doch! Du (♂) hältst ja schon Zettel und Bleistift bereit, um mir (♀, 34/171/66) zu antworten. Wenn Du jetzt noch Lust auf sportliche Aktivitäten hast, dann solltest Du den fertigen Brief unbedingt abschicken! ✉ . . .

Akademisch vorbelastete Sie, 34/171/62, sucht studiertes männliches Wesen für kulturelle Genüsse. ✉ . . .

He, nicht nur die Kontaktanzeigen lesen und sich darüber amüsieren! Jetzt solltest Du (m.) mir fairerweise auch antworten! Ich (w., 26/170/64) setze auf Dich! ✉ . . .

Denken Sie (m.), daß . . .? Denken Sie überhaupt? Dann verfügen Sie über die Grundvoraussetzung, eine Frau (34 Jahre) kennenzulernen, die auf Denkanstöße wartet. ✉ . . .

Da bin ich! Ja, ich (w., 27/171/63) versuch es jetzt auch einmal auf diesem Wege. Vielleicht findet sich ja ein interessanter Mann um die 30, mit dem ich ab und zu etwas (Sport, Kneipe . . .) unternehmen kann. ✉ . . .

Stimmt es, daß Du (m.) ausgerechnet auf meine (w., 24/171/63) Anzeige antworten möchtest? Warum eigentlich? Klar, ich weiß es, aber Du? ✉ . . .

Gesucht wird ein Mann mit Coupé, aber ohne Toupet! Er sollte Lust auf gemeinsame Reisen, Kühlschrankentleerungen und andere Aktivitäten haben. Unternehmungslustige Frau (26/169/57) erwartet interessante Antworten. ✉ . . .

25 Stunden Spaß am Tag!? Ganz so anspruchsvoll bin ich (w., 24/166/52) nicht, aber es sollten nur Männer antworten, die wirklich sehr aktiv und unternehmungslustig sind! ✉ …

Sportliche, aktive Frau (23/171/64) sucht einen athletischen Mann für Bodyclimbing und mehr. ✉ …

Lust auf gemeinsame Unternehmungen?! Ich (w., 24/168/54) möchte dafür und vielleicht auch mehr einen wirklich attraktiven Mann kennenlernen, den ich mir nicht erst schöntrinken muß. ✉ …

Selten dämlich diese Zeitungsanmache!? Sie kann andererseits aber vielleicht auch ganz nützlich sein. Ich (w., 29/168/59) versuch's halt auch einmal. ✉ …

Was noch zu beweisen wäre: Kontaktanzeigen sind toll! Frau, 31/168/58, läßt sich gerne überzeugen. ✉ …

Ich bin alles andere als eine Musterfrau! Dennoch lohnt es sich natürlich für einen (neuen) selbstbewußten Mann, mich (27/169/56) kennenzulernen! ✉ …

Das klingt verheißungsvoll: Du bist ein attraktiver Mann so um die 30, hast Geist, Witz und Lust auf viele Unternehmungen! Ich (w., 26/175/71) werde auf Dich zurückkommen. ✉ . . .

Ich (w., 24/171/63) hasse es, alleine in Kneipen oder Discos zu tapern. Suche daher einen Begleiter, dem es ähnlich geht. ✉ . . .

Ist es das, was Sie (m.) wollen: eine unternehmungslustige Frau Mitte 30, die einen Begleiter für Theater, Kino, Restaurant, Kneipe . . . sucht? Dann sollten Sie nicht lange überlegen und mir schnell antworten! ✉ . . .

Sei bitte kein Spielverderber! Wenn Du (m.) schon meine Anzeige liest, dann solltest Du mir (w., 25/171/66) aber auch antworten! ✉ . . .

Ich (w.) bin 1. Mitte 20, 2. attraktiv, 3. sehr sexy, 4. reich, 5. lesbisch! Davon sind zwei Angaben gelogen. Diese mußt Du (m. oder w.?) schon selber herausfinden! ✉ . . .

Na, wo isser denn? Wo ist der Mann, der gemeinsam mit mir (w., 23/174/63) das nicht Alltägliche sucht und findet? Gibt es Dich überhaupt? ✉ . . .

Kapitel 8:
Frau sucht Partner
für eine lockere Beziehung

„Haben Sie nicht annonciert: Attraktive Superfrau sucht Gärtner mit
Gießkännchen, der ihr das Vorgärtchen in Ordnung hält?"

Wenn Schmusen eine olympische Disziplin wäre, hätte ich
(w., 31/174/61) die Goldmedaille so gut wie sicher. Welcher
zärtlich-romantische Typ möchte der erste Gratulant sein? Bitte
kein hirnloser Muskelprotz! ✉ A 12345.

Frau (29/170/62) mit kleiner Tätowierung möchte einen neugierigen Mann kennenlernen, der sich gerne auf die Suche danach machen möchte. ✉ ...

Frau, 27/169, rothaarig, gebunden, aber stark vernachlässigt, sucht großen, attraktiven und gebundenen Mann für alles Verrückte. Feste Beziehung ausgeschlossen! ✉ ...

Begeisterte Wassersportlerin (z.B. in Geld schwimmen, in Liebe baden, ...), 29/170/62, sucht Mann für aktive Freizeitgestaltung. ✉ ...

Skorpion-Frau mit ungiftigem Stachel, 24/171/63, sucht unerschrockenen Typen für spannende Zeiten. ✉ ...

Blonde Hexe, 33/171/59, sucht Magier für zauberhaften Gedankenaustausch und mehr. ✉ ...

Suchtgefahr! Frau, 26/173/67, sehr attraktiv, sucht einen Mann fürs Bett, aber nicht mehr. ✉ ...

Wie geht's, wie steht's? Sinnliche Frau, Mitte 30, schlank, sucht verführerischen Mann. ✉ . . .

Außerirdische, 28/170/64, auch weltlichen Genüssen zugetan, sucht einen Mann für die große Versuchung. ✉ . . .

Wer schläft, sündigt nicht! Aber wer sündigt, schläft besser! Frau, 26/168/61, möchte einen Mann kennenlernen, der nicht zu brav ist. ✉ . . .

Inkognito! Gebundene, sehr sinnliche Frau, 37/168/61, möchte sich mit standfestem Mann bei Nacht und Nebel treffen. Auch geheime Verabredungen am Vormittag sind möglich. ✉ . . .

Amazone, 30/175/65, sucht einen interessanten Mann, der an- wie ausgezogen eine gute Figur macht. ✉ . . .

Lektorin, noch keine 30, schlank, attraktiv, verheiratet, leicht genervt durch den Umgang mit den vielen selbsternannten Bestsellerautoren, sucht Entspannung bei einem Mann, der keine Ambitionen auf den Nobelpreis hat. ✉ . . .

Missionarin (27/170/68) in Sachen Sinnlichkeit möchte lernwillige und lernfähige Männer davon überzeugen, daß Erotik mehr sein kann als der übliche sexuelle Wettkampf. ✉ . . .

Tierische Menschin, 24/167/60, wild, unzähmbar, sucht mutigen Mann für lockere Freizeitaktivitäten. ✉ . . .

Es wird mal wieder Zeit für Mund-zu-Mund-Beatmung! Atemberaubende Frau, 34/171/62, sucht einen konditionsstarken Mann, aber keinen aufgeblasenen Typ! ✉ . . .

Empfehlenswert: Frau, 28/167, erfahren, unvoreingenommen, sucht einen starken Typen, der Dynamit in seinen Adern hat. ✉ . . .

Eine Frau um die 30, mittelgroß, mittelschlank, sucht einen Mann für eine sinnliche und sinnvolle Beziehung. ✉ . . .

Frau, 26/168/62, neugierig, hat Lust auf Haut, Herz und Hirn. Welcher kecke Mann teilt meine Bedürfnisse? ✉ . . .

Sie, 32 J., schlank, sucht großen, langhaarigen Ihn für eine lebhafte Affäre, aus der sich ggf. eine spannende Dauerbeziehung entwickeln könnte. ✉ . . .

Weibliche Intuition hat mich (w., 34/171) schon vor so mancher Pleite bewahrt. Sie hat mir allerdings auch ein paar Dinge vorenthalten, die ich jetzt nachholen möchte. ✉ . . .

Kuschelbären gibt's im Spielzeugladen, Softies in der Eisdiele! Was ich (♀, 23/170/63) will, ist ein zärtlicher Mann, der aber auch mal fest zupacken kann. ✉ . . .

Zweitmann gesucht! Frau, 31/170/63, möchte einen Mann kennenlernen, der sich auf Abruf bereit hält. ✉ . . .

Sperrstunde? – Das gibt es für mich nicht! Ich (w., 25/172/65) will jede Minute des Lebens auskosten, will Spaß und Action, will mich mit einem sehr guten Lover vergnügen. ✉ . . .

Bitte vordrängeln! Welcher dynamische Mann möchte ebensolche Frau (26/168/59) kennenlernen? ✉ . . .

Mach doch, was Du willst – aber mach es mit mir! Geheimnisvolle Sie (34 J.) sucht einen vielseitigen, witzigen und verschmusten Mann bis Anfang 30. ✉ . . .

Rote Haare – Blaue Augen – Weiße Zähne – Braune Haut – Grüne Gesinnung! Welcher Mann braucht diese Farbtherapie? Frau (32/169/63) erwartet Deine Vorstellung(en)! ✉ . . .

Etwas anstrengende Frau, 24/171, Studentin, sucht einen begabten Mann bis Anfang 30, zum Schwärmen, Schmunzeln und Knutschen. Snobs sind nicht mein Ding! ✉ . . .

Ich (w., 25/168/64) bin voller Komplexe, bin so prüde und so genant! Soll das etwa so bleiben, oder gibt es da draußen irgendwo einen einfühlsamen Mann, der ein paar Ratschläge und Tips anzubieten hat? ✉ . . .

Je männlicher, desto besser! Vollblutweib (28/172/64) sucht einen stabilen Mann für dies und jenes. ✉ . . .

Dominante Frau, 34/172/64, sucht mutigen Mann, der ihr Paroli bieten kann. ✉ . . .

Telefonsex ist mit mir nicht drin! Ich (w., 27/168/61) möchte sehen, riechen, fühlen, spüren: ich möchte meine Bedürfnisse voll ausleben. ✉ . . .

Welcher gutaussehende und gebundene Mann bis 35 J. möchte mal seine Frau betrügen? Mit mir (w., 29/171/62) könnte sich Dein Wunsch vielleicht erfüllen. ✉ . . .

Ein Abonnement für die Liebe gibt es nicht! Möglich ist aber eine aufregende Zeit voller Leidenschaft. Frau, 36/166/56, sucht dafür einen passenden Mann. Bitte kein Milchgesicht! ✉ . . .

Ich (w., 32/168/65) tausche Mann (35/180/78, Stubenhocker) gegen Mann mit Esprit. ✉ . . .

Verboten gutaussehende Frau, 26/176/65, sucht nicht nur einen guten Lover, sondern einen außergewöhnlichen Mann, der auch noch anderes im Sinne hat. Bodybuilder sind ohne Chance! ✉ . . .

Entweder – oder! Mehr braucht Frau (30/172/66) wohl nicht zu sagen. Oder? ✉ . . .

Und jetzt kommt ein Gedicht,
oder vielleicht doch besser nicht?
Egal, schlanke Frau von 29 Jahren
möchte sich mit einem Manne paaren.
Drum antworte, der willig ist,
damit er auch nichts mehr vermißt!
Aussagekräftige Zuschriften unter ✉ . . .!

Manche wollen nur das eine, manche nur das andere! Ich, ♀, 25/170, will alles gleichzeitig und noch viel mehr! Welcher unnachahmliche ♂ denkt ähnlich? ✉ . . .

Das Kapitel meiner wilden Jahre habe ich abgeschlossen! Jetzt will ich, ♀, 35/168/63, noch mehr! Welcher dynamische Mann fühlt sich dieser Herausforderung gewachsen? ✉ . . .

Kapitel 9:
Frau sucht Partner
für dies und das und jenes

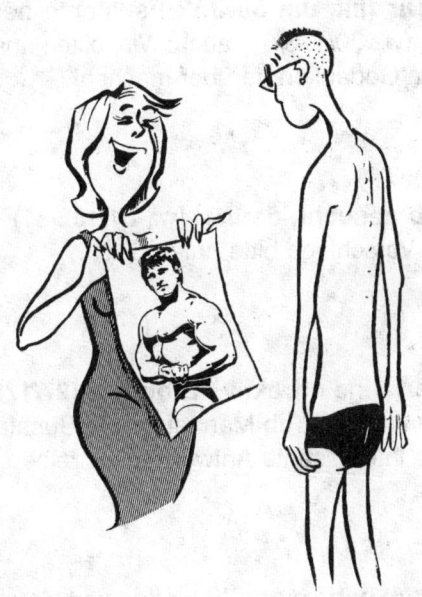

„Ich dachte mehr an so einen – etwas reiferen Herrn."

Was wäre, wenn – Du (♂) mir antwortest? Das wäre super! Denn zum einen hätte ich (♀, 24/176) mal wieder etwas im Briefkasten und zum anderen: Wer weiß, wer weiß? ✉ A 12345.

Faulenzen – Klönen – Schmusen! Das sind nur drei der vielen Dinge, die ich (w., 28/175/67) gerne tue. Welcher interessante Mann möchte mehr erfahren? . . .

☆

Wie geht es Dir (m., um 30 J.)? Es könnte besser sein!? Stimmt, bei mir (w., 30/173/67) auch. Wir sollten uns daher einmal gemeinsam Gedanken darüber machen! . . .

☆

Gewiefter Dieb gesucht, der mir (w., 31/168/61) meine Langeweile stiehlt! Vorschläge bitte unter . . .

☆

Warum inseriert eine attraktive Blondine (27/170)? Richtig, weil sie erfahren möchte, ob Männer genug Substanz im Kopf haben, um eine interessante Antwort zu schreiben. . . .

☆

Ich (♀, 34/173/64) habe eigentlich alles und bin glücklich und zufrieden. Also bitte nicht antworten! . . .

☆

Du (m.) möchtest mich (w., 22/174/65) mal live erleben? Eigentlich kein Problem, wenn Du mir einen einfallsreichen Brief schickst! . . .

☆

Ja!? Nein!? Ich (w., 24/170/62) weiß nicht so recht. Egal, ich versuch's trotzdem. . . .

☆

Ein guter Freund ist allemal besser als ein schlechter Lover! Neugierige Frau, 26/171/57, läßt sich gerne überraschen. Wer weiß, vielleicht ist eine platonische Beziehung ja der absolute Kick? . . .

☆

Um Kontakt zu finden, solltest Du (m.) nicht in die Steckdose, sondern lieber zu Papier und Kuli greifen! Ich (w., 35/168/63) bin gespannt, ob Du das beherzigen wirst. . . .

☆

Yuppie hier, Yuppie da – tolle Männer, die sind rar! Interessante Frau (26/174/64) erwartet Antworten von Männern, die nicht dem Standard entsprechen! . . .

☆

Frau im Knast (31/167/59) sucht freiheitsliebenden Mann für die Zeit danach. Unser erstes Treffen könnte schon in 4 Wochen sein! . . .

☆

Du ja, Du nein, Du na ja, vielleicht! Also alle Männer, die ich (♀, 32/173/65) angesprochen habe, sollten mir jetzt antworten! . . .

☆

Du (m.) willst mit mir (w., 25/170/62) anbändeln? Dann gib Dir viel Mühe mit Deiner Antwort, damit wir uns bald treffen können! . . .

☆

Mal sehen, ob meine (w., 33/176/64) Anzeige ansprechend genug ist, um viele tolle Antworten zu erhalten. Pfennigfuchser und Schlafmützen sollten nicht darunter sein! . . .

☆

Jetzt fahre ich (w., 24/172) erst einmal für drei Wochen in einen wohlverdienten Urlaub. Alle interessanten Männer zwischen 25 und 35 Jahren haben also genug Zeit, sich Gedanken über eine fetzige Antwort an mich zu machen. . . .

☆

Es dämmert: Ich (♀, 23/174/65) stehe auf, ich dusche, ich frühstücke, ich gehe zum Postkasten, ich bin begeistert: Ich habe Deine (♂) Bildzuschrift erhalten. . . .

☆

Mit dieser Anzeige bin ich (w., 32/167/60) über meinen Schatten gesprungen. Hoffentlich lande ich bei einem Mann, der sich durch Höflichkeit, Humor und Einfühlungsvermögen auszeichnet! . . .

☆

Du (m., um 30 J.) sollst nicht mit dem Finger auf meine Anzeige deuten, Du sollst mir (w., 24/177) antworten! . . .

☆

Jetzt habe ich (w., 27/170/64) doch tatsächlich meinen Inseratstext vergessen! Ich glaube aber, daß ich einen interessanten Mann suchen wollte. . . .

☆

Akzente setzen! Du (♂) könntest mir (♀, 35/173) mit einer ungewöhnlichen Antwort imponieren! . . .

☆

Immer einen lockeren Spruch auf der Zunge? Okay. Mann, dann mach mal! Heitere Frau (32/173/62) erwartet Deine Geistesblitze! . . .

☆

Bitte antworten Sie nach Nennung der Signalnummer! Ich (w., 29/167/60) suche für dies und jenes einen interessanten Mann bis Mitte 30. Zuschriften ab jetzt unter . . .

☆

Stell Dir vor, Du (m.) stehst mit Deinem Auto neben mir vor einer roten Ampel! Was würdest Du unternehmen, um mich (w., 24/175/60) kennenzulernen? . . .

☆

Tief durchatmen, noch mal Sauerstoff tanken! Atemberaubende Frau, Mitte 20, sucht einen Mann ohne Ozonloch. Keine aufgeblasenen Luftballons! . . .

☆

Verrückt nach Humor, Unterhaltung und Zärtlichkeit, suche ich (w., 32/172) einen fröhlichen, erwachsenen Mann mit dem gewissen Etwas. ✉ ...

Ich (w., 22/173/65) brauche es mehrmals am Tag! Ja, mein geliebtes Telefon. Teil mir Deine (m., bis 30 J.) Nummer mit, dann werde ich vielleicht davon Gebrauch machen! ✉ ...

Wenn mein Personalausweis nicht gefälscht ist, bin ich weiblich und 1971 geboren. Wenn ich mich nicht vermessen habe, bin ich 170 cm groß und wiege 57 kg. Wenn ich mich nicht täusche, wird mir ein toller Typ antworten. ✉ ...

Ohnmächtig werde ich (w., 25/175) bei Deinem (m.) Anblick hoffentlich nicht gleich werden, aber ein bißchen kribbeln sollte es zumindest doch! ✉ ...

Zentrumsfrau, 29/167, sucht einen Mann aus dem Norden, Osten, Süden oder Westen dieser Stadt. Ehrlich gesagt wäre mir ein südländischer Typ am liebsten! ✉ ...

Nur keine Hektik! Du (♂, amüsant und knuddelig) wirst mich (♀, 27/167, unverbesserlich) noch früh genug für gemeinsame Unternehmungen und Kissenschlachten kennenlernen. ✉ ...

Jetzt geht die Post ab! Na jedenfalls dann, wenn Du (m.) mir (w., 36/168/59) einen Brief schreibst und ihn in den Briefkasten wirfst! . . .

Filmreif könnte unsere Beziehung werden, wenn Du (♂, um 35 J.) wie ich (♀, 25/171) das Extravagante liebst! Schleimer und Angeber verschonen mich bitte mit ihrer Antwort! . . .

Voll im Trend? Dann such Dir eine genügsame Frau! Ich (w., 32/170, anspruchsvoll) möchte lieber einen Mann kennenlernen, der aus dem Rahmen fällt. . . .

Pferdenärrin, 29/172/67, möchte die Bekanntschaft eines Mannes machen, der auch große Hindernisse bewältigen kann. Kein Ackergaul oder gar ein trojanisches Pferd! . . .

Ich (w., 26/175/64) lege mein Veto gegen Deine (m.) Antwort auf andere Anzeigen ein. Du solltest Deine ganze Kraft und Phantasie auf den Brief an mich konzentrieren! . . .

Wenn Du (m.) mir (w., 25/174/65) antwortest, weißt Du nicht, was Dich erwartet. Wenn Du mir aber nicht antwortest, wirst Du nie erfahren, was Dir entgangen ist! . . .

Welcher spirituell veranlagte männliche Mensch möchte mit mir (♀, 34/168/54) hinter den Regenbogen schauen? . . .

☆

Bitte ausschneiden! – Bitte ausschneiden! – Bitte ausschneiden! Frau, 25/172/63, nicht von schlechten Eltern, möchte einen gutaussehenden Mann mit viel Humor kennenlernen. . . .

☆

Tick-tack – Tick-tack – Tick-tack! Die Zeit rast dahin, und Du (m.) hast noch nicht einmal den ersten Satz an mich (w., 23/171/56) aufs Papier gebracht. Jetzt aber ran! . . .

☆

Ich (♀, 35/173/64) würd's mir ja dreimal überlegen, bevor ich auf meine Anzeige antworte! Aber Du (♂) kannst ja nicht wissen, daß Dich ein Feuerwerk von Gefühlen erwartet. Bitte keine Antworten von Weichspüler-Typen! . . .

☆

Lachmuskeltraining ist angesagt! Welcher humorvolle Mann (kein Witzeerzähler!) möchte es gemeinsam mit mir (w., 28/171/59) angehen? . . .

☆

Je mehr Antworten, desto besser! Daher hier meine Lügengeschichte: Frau, Anfang 30, schlank, sehr attraktiv, sportlich, humorvoll, unternehmungslustig, spontan, reich, großzügig, Nichtraucherin, immer gut drauf, etc., sucht einen adäquaten Partner. . . .

Mein (w., 24/170) Tagebuch wartet auf interessante Eintragungen! Wenn Du (m.) seitenfüllend bist, dann solltest Du Dich in Bälde bei mir melden! . . .

Zufall oder nicht, jetzt liest Du (m.) meine (w., 23/167/61) Anzeige und wirst mir wohl antworten wollen!? . . .

Fahndungsauftrag: Gesucht wird ein dunkelhaariger Mann mit legerem Outfit und sportlicher Figur. Hinweise bitte an Frau, 21/170/60, unter . . .!

Irren ist menschlich! Wer nichts riskiert, kann auch nichts falsch machen, kann aber auch nicht viel erleben! Neugierige Frau, 24/174/65, inseriert hier ohne übertriebene Erwartungen. . . .

Na, schon alle Anzeigen durch und nichts gefunden? Wahrscheinlich bin ich (27/166/62) ja die Frau, nach der Du (m.) Ausschau gehalten hast! . . .

Können Sie (♂) jodeln? Wenn ja, bitte nicht antworten! Denn ich (♀, 34/170/61) suche nur einen nicht zu volkstümlichen Mann. . . .

☆

So ein Blind Date könnte doch ganz reizvoll sein! Daher solltest Du (m.) mir (w., 25/168/60) Deine Telefonnummer mitteilen, damit wir zunächst telefonisch herausfinden können, ob wir uns mal treffen sollten! . . .

☆

Wie heißt Du denn, Alter? Bist Du gut drauf und möchtest eine neue weibliche Bekanntschaft (29/168/67) machen? . . .

☆

Immer sage ich das Falsche! Also halte ich (w., 24/170/61) mich heute mal zurück und warte, was Du (m.) so zu sagen hast. . . .

☆

Risiko!? Frau, 28/173/61, ist etwas unschlüssig, ob sie die Aufgabe einer Anzeige wagen soll. Warum eigentlich nicht!? Also Männer bis maximal 35, laßt von Euch hören! . . .

☆

Blah-blah-blah, blah (♀, 25/170/54) sucht blah-blah-blah (♂), für blah-blah-blah und vielleicht auch blah-blah-blub. Blah-blah-blah bitte unter . . .!

☆

Wer weiß, wer weiß, wer weiß!? Wer kann schon wissen, ob ich (w., 22/170/62) über diese Anzeige einen tollen Mann kennenlerne, und ob etwas aus uns werden kann?! . . .

Ich (w., 26/169/56) habe meinen eigenen Kopf! Es ist ein schöner, ein kluger, einer voller verrückter Ideen, ein Dickkopf, ein . . . Welcher interessante Mann möchte sich Hals über Kopf in mich verlieben? . . .

Bitte keinen Widerspruch! Du (m.) nimmst Dir jetzt Kuli und Papier zur Hand, formulierst Deine Vorstellungen hinsichtlich einer Beziehung zwischen Mann und Frau und wirfst den Brief in den Postkasten! Ich (w., 23/170/67) bin äußerst gespannt. . . .

Frag mich (w., 34/165) nicht, was Du (m.) mir schreiben sollst! Tue es einfach! . . .

Eigentlich wollte ich (w., 26/166/59) noch meine zahlreichen positiven Eigenschaften aufzählen, aber da hatte ich diese Anzeige leider schon aufgegeben. Jetzt mußt Du (m.) auf Deine Intuition vertrauen! . . .

Ich (w., 27/169/60) bin echt sauer! Warum muß ich erst diese Kontaktanzeige aufgeben, damit ich Dich (m.) endlich einmal kennenlernen kann? . . .

Warmherzige, heißblütige, aber auch coole Frau, 33/171/65, sucht einen unternehmungslustigen Mann. Es sollte aber kein lauwarmer Strahlemann sein! . . .

Erst antworten, dann lesen! Hast Du (♂) den Brief an mich (♀, 24/168/59) fertig (?), dann nichts wie ab damit zum Postkasten und einwerfen! . . .

Deine (m.) Chancen, mich (w., 26/173/67) kennenzulernen, stehen noch 50:50. Laß Dir etwas Originelles einfallen, dann kannst Du sie erheblich erhöhen! . . .

Wer A sagt, muß auch B sagen! Also Männer, ran ans Briefpapier und einen tollen Brief an mich (w., 27/170/59) schreiben! Und AB geht die Post! . . .

Diese Kontaktanzeige ist nur versehentlich abgedruckt worden! Eigentlich wollte ich (w., 28/168/60) doch gar nicht. Ach was soll's, wenn schon, dann sollten sich auch ein paar interessante Männer melden! . . .

?-Frau, ?-Jahre, ?-cm, ?-kg, sucht ?-Mann! Fragwürdige Angelegenheit, oder? Antworten unter ✉ . . .

Die Wette gilt: Wenn Du (m.) mir nicht antwortest, muß ich (w., 27/170/65) Dich, und wenn Du antwortest, Du mich zum Essen einladen! ✉ . . .

Folgen Sie (m.) diesem Text bis zur Chiffrenummer, und überlegen Sie sich dann ein interessantes Antwortschreiben! Ich (w., 32/170/62) bin sehr gespannt. ✉ . . .

Ich (♀, 32/167/61) verspreche nichts, erwarte aber viel! Mutige Menschen männlichen Geschlechts sollten sich trotzdem oder gerade deshalb melden! ✉ . . .

Bingo! Du (m.) bist bei der richtigen Anzeige angelangt. Frau, 25/173/65, erwartet Deine phantasie- und humorvolle Antwort! ✉ . . .

Mondsüchtig? Mann zwischen 25 und 35 darf sich bei mir (w., 23/174/64, Nachteule) verirren! ✉ . . .

Zu verschenken: Störrischer Esel, Langzeitstudent, ohne Pep, 31/178/80, von entnervter Frau (24/171/59), die auf diesem Wege auch einen sanften Kater kennenlernen möchte. ✉ ...

Ich (w., 24/169/61) hoffe, daß ich weiß, auf was ich mich hier einlasse! Ich hoffe, Du (m.) weißt, auf was es jetzt ankommt! ✉ ...

Respekt! – Das hätte ich mir (w., 31/168/56) gar nicht zugetraut, einen interessanten Mann über eine Kontaktanzeige zu suchen. ✉ ...

Vergiß es, wenn Du (♂) eine allzeit bereite Modepuppe suchst! Ich (♀, 34/175/61) habe Dir wesentlich mehr zu bieten. ✉ ...

Mit 65 ab ins Menschenheim!? Nein! Engagierte, resolute und großmütige Tierschützerin (174/70) sucht einen strapazierfähigen Mann bis maximal 60 J., der auch noch nicht eingemottet werden möchte. ✉ ...

Gratuliere! Du (m.) stehst kurz davor, eine tolle Frau Anfang 30 kennenzulernen. Du brauchst eigentlich nur noch Briefpapier und Kuli zur Hand nehmen und mich von Deinen Qualitäten überzeugen! ✉ ...

Erzählen Sie (m.) mir (w., 26/166/57) mehr von sich! Wer sind Sie, warum lesen Sie diese Kontaktanzeige, möchten Sie mich vielleicht kennenlernen? . . .

☆

Frau, 32/170/61, Sternzeichen Hexe, möchte einen zauberhaften Mann kennenlernen. . . .

☆

Frauen und Männer passen nicht zusammen! Stimmt nicht? Dann kannst Du (m.) ja einmal versuchen, mich (w., 25/167/60) vom Gegenteil zu überzeugen! . . .

☆

Vegetarierin (30/169/62) sucht Vegetarier nicht nur zum Salatanmachen. . . .

☆

Welcher Mann kann mir (w., 26/176/65) die Lottozahlen für nächsten Samstag voraussagen! Im Erfolgsfalle winkt eine hohe Belohnung. . . .

☆

Mir (w., 29/169/62) ist das ja so egal: Antworte mir, oder lass es sein! Aber mach mich später nicht dafür verantwortlich, wenn Du (m.) das Gefühl bekommst, etwas verpaßt zu haben! . . .

☆

Augen zu und durch! Frau, 35/168/56, möchte über diese Kontaktanzeige einen Mann kennenlernen, der auch nicht so recht von diesem Weg überzeugt ist. . . .

☆

Yin (27/171/64) sucht Yang für ein gemeinsames Leben, das von Esoterik, Naturverbundenheit und Zärtlichkeit geprägt ist. . . .

☆

Ich (w., 32/165/56) bin so frei! Suche daher einen Freizeitpartner für dies und das und jenes. . . .

☆

Kapitel 10:
Mann sucht Partnerin für eine feste Beziehung mit oder ohne Trauschein

Seit meiner Geburt (♂, 179) bin ich ca. 10.000-mal aufgestanden, habe ca. 30.000 Mahlzeiten eingenommen, ca. . . .! Nur das eine Mal, daß mir die richtige Frau über den Weg läuft, das fehlt mir noch! ✉ A 12345.

Kruzifix! Was soll ich (m., 34/182) denn noch alles anstellen, um die Richtige zu finden? Vielleicht ist ja Deine Antwort der Beginn einer glücklichen Beziehung!? . . .

Big man, 32/180, möchte eine Frau kennenlernen, die eine breite Schulter zum Anlehnen zu schätzen weiß. . . .

So, jetzt erst recht! Obwohl meine (m., 30/181/80) erste Anzeige ein totaler Flop war, starte ich hier einen 2. Versuch: Ich suche eine feste Partnerin. . . .

Liebe, wo bist Du? Verbünde Dich bitte mit mir (m., 33/179/78) und laß eine Frau auf meine Anzeige antworten, die zu mir paßt, und die auch an einer harmonischen Partnerschaft interessiert ist! . . .

Nichts für mich (m., 28/178/74): Eine Kontaktanzeige aufgeben, nee, nee, nun wirklich nicht! Aber Mann muß wohl mal eine Ausnahme machen, um eine tolle Frau wie Dich kennenzulernen. . . .

Wie ein guter Wein gereifter Mann, 62/178, möchte sich noch einmal verlieben. Bildzuschriften bitte unter . . .!

Enddreißiger, 182/78, sucht eine Frau, die auch nicht verstehen kann, daß sie noch Single ist, und das ändern möchte. . . .

Freier Schwiegervater (42/178/75) sucht freie Schwiegermutter, deren Mutter sich einen tollen Schwiegersohn wünscht. . . .

Darf ich (m., 34/181/77) Du zu Ihnen (w.) oder soll ich Sie zu Dir sagen? Egal, Hauptsache wir lernen uns recht bald einmal kennen! . . .

Normali, 28/180/76, sucht weibliches Pendant für den Aufbau einer festen Partnerschaft. Bitte keine Antworten von Heiratsschwindlerinnen! . . .

Nix für ungut! Nervensäge (m., 34/178/76) versucht es nun schon zum 1000. mal, auf diesem Wege eine tolerante Frau zu finden. Bisher war noch nicht die Richtige dabei. . . .

Wehre Dich (♀) nicht dagegen: Du willst mir doch antworten! Ich (♂, 32/183/78) könnte mir vorstellen, daß wir sehr gut zusammenpassen. Etwa noch Zweifel? . . .

Wenn meine (m., 35/178/74) Mutter wüßte, daß ich eine Kontaktanzeige aufgebe: Dann, ja dann würde sie mir viel Glück wünschen, daß Du (w.) mir antwortest! ✉ ...

Ich (m., 32/180/74) möchte mal wieder so richtig toll verliebt sein! Welche Frau hat einen ähnlichen Wunsch? ✉ ...

Das überzeugt mich (♂, 31/178/75): Du bist eine attraktive Frau, die sich fest binden möchte. ✉ ...

Ich (m., 24/184/82) find' das richtig gut, diese Seite mit den Kontaktanzeigen! Denn auf diesem Wege werde ich bestimmt eine Frau kennenlernen, mit der ich eine tolle Partnerschaft eingehen kann. ✉ ...

Erstversuch! Lehrer (39/176/74) mit 9-jähriger Tochter, sucht eine charakterfeste Frau. ✉ ...

Nur keine Vorurteile: Kontaktanzeigen sind nicht der Ausdruck schwer vermittelbarer Menschen! Ich, ♂, 29/180/82, attraktiv, gebildet, bin das beste Gegenbeispiel. ✉ ...

Ich (m., 32/180) habe viel zu verlieren: so um die 20 kg! Welche nicht zu schlanke Sie möchte gemeinsam mit mir gewinnen? ✉ . . .

Knickriger Zahnklempner (44/175/72) sucht sparsame Frau für gemeinsamen Haushalt. ✉ . . .

Der einzige Sohn meiner Eltern sucht eine Frau fürs Leben! Ich (m., 29/181/82) würde ihm eine Chance geben! ✉ . . .

Potthäßlicher Mann, 34 Jahre, dick, dumm, humorlos, arm, faul, egoistisch, langweilig, verlogen . . ., sucht passendes Gegenteil. ✉ . . .

Ich (m., 31/183/81) werde ab sofort so lange Kontaktanzeigen aufgeben, bis ich meine Wunschpartnerin gefunden habe. Sie sollte bis 35 J. alt sein, schlank, intelligent und auch den Wunsch nach Kindern haben! ✉ . . .

Er- und belesenes Unikat (m., 34/177/73) möchte sich mal so langsam in die festen, aber zärtlichen Hände einer interessanten Frau begeben. ✉ . . .

Pech im Spiel, Glück in der Liebe!? Da ich (m., 38/181/76) trotz hohem Einsatz seit 5 Jahren nichts im Lotto gewonnen habe, wird diese Anzeige bestimmt zum Volltreffer! Welche Frau möchte meine Glücksfee werden? ✉ . . .

Gemeinsam ins nächste Jahrtausend! Solider Mitdreißiger, 181/78, möchte mit Dir (w.) auch danach noch viele gemeinsame Hochzeitstage feiern. ✉ . . .

Krankenpfleger, 29/177/76, allergisch gegen Untreue, sucht eine feste Partnerin. ✉ . . .

Großzügiger Mann, 32/178/75, sucht zwecks dauerhafter Änderung seiner Steuerklasse eine genügsame Frau. ✉ . . .

Diese Anzeige ist ein Geburtstagsgeschenk für unseren lieben Freund Helmut (31/178/76), der es endlich einmal verdient hat, daß er eine tolle Frau kennenlernt. Beate, Anne, Hans, Katrin & Jürgen. ✉ . . .

Oldtimer, Jahrgang 1924, kein Opatyp, geschieden, sucht eine agile Frau für Neuanfang. ✉ . . .

Liebevoller Pirat, 26/178/73, möchte bodenständig werden! Welche Frau möchte mich an Land ziehen? ✉ . . .

Leute wie Du (w.) und ich (m., 28/178/76) haben ja eigentlich mit Kontaktanzeigen nichts am Hut! Aber Ausnahmen bestätigen ja wohl die Regel. ✉ . . .

Wie fast alle auf dieser Zeitungsseite suche auch ich (♂, 41/181/78) eine feste Lebenspartnerin. Ob mir das wohl gelingt? ✉ . . .

Mensch, ich (m., 32/177/74) bin in der Zeitung! Möchte daher die Gelegenheit nutzen, meinen Wunsch nach einer interessanten Frau für eine feste Beziehung auszusprechen. ✉ . . .

Statistisch gesehen führen 15 Prozent aller Kontaktanzeigen zum Erfolg. Mir (m., 27/178/75) müßten also nur 6,67 Frauen antworten, dann sollte eigentlich meine Traumpartnerin darunter sein. Bist Du es? ✉ . . .

Reich und schön bin ich nicht! Ich (m., 31/178/76) habe einer Frau aber viele andere Dinge zu bieten. Wer es herausfinden möchte, sollte mir antworten! ✉ . . .

Glücklich Geschiedener, 35/183/81, sucht Ledige, Geschiedene oder Witwe zwecks Aufbau einer langwierigen Partnerschaft. Du solltest nicht zu normal, aber auch nicht zu verrückt sein! ✉ ...

Rundlicher Mann mit Ecken und Kanten, 41/181, ist reif für eine feste Beziehung und Gründung einer großen Familie. Nur die passende Frau, die fehlt noch. ✉ ...

Es gibt da ein Problem: Ich (m., 34/178/73) habe Dich (w.) leider noch nicht kennengelernt! Daher müssen wir unseren Hochzeitstermin wohl verschieben, bis Du mir geantwortet hast und wir uns ineinander verliebt haben. ✉ ...

Bodenständiger Himmelsstürmer, 34/178/71, sucht eine eher häusliche Frau mit dem Wunsch nach einer vielköpfigen Familie. ✉ ...

Meine sehr verehrten Damen! Gestatten Sie mir an dieser Stelle bitte, meinen Wunsch nach einer festen Lebenspartnerin zu artikulieren! Ich (♂, 39/181/83) würde mich sehr über Ihre Zuschrift freuen. ✉ ...

Die Nr. 1 wirst Du bei mir (m., 30/177/76), wenn Du eine Frau bist, die Lust auf Sport, Ausgehen und auf eine feste Beziehung hat. ✉ ...

Abwarten und Teetrinken? Nein, da inseriere ich (m., 30/182/79) lieber. Alle bindungswilligen Frauen sollten die Tassen stehenlassen und mir sofort antworten! ✉ . . .

Ehrliche Anzeige! Mann, 36 Jahre, wesentlich jünger aussehend, 172 cm, wesentlich größer wirkend, 83 kg, wesentlich schlanker erscheinend, sucht eine wahrheitsliebende Partnerin. ✉ . . .

Doppelkopf-Spieler, 35/178/76, sucht Re-Dame, um Hochzeit ansagen zu können. ✉ . . .

Die gute Nachricht zuerst: Attraktiver Mann, 34/182/82, ist wieder zu haben! Die schlechte: Er hat wenig Zeit und daher noch nicht die richtige Frau gefunden. ✉ . . .

Lammfromm ist Mann im Schafspelz nicht! Ich (m., 29/176/71) bin aber auch kein überheblicher Luftikus, der eine tolle Beziehung nicht zu schätzen wüßte. ✉ . . .

Nehmen Sie (w.) Kontakt mit mir (m., 34/179/78) auf! Sichern Sie sich meine Sympathie, meine Freundschaft, meine Liebe! Machen Sie mir einen Heiratsantrag!? ✉ . . .

Kaum zu glauben, aber wahr: Überaus interessanter Mann, 34/181, hat noch immer nicht seine ideale Partnerin entdeckt. Vielleicht solltest Du mal so langsam aus Deinem Versteck kommen und Dich bei mir melden! . . .

Sie kam, sie sah, sie siegte. Das werde ich (m., 25/185/84) in ein paar Wochen meinen Freunden von Dir berichten können. . . .

Mir (m., 35/179/78) fehlt es leider an einer zündenden Text-idee für diese Kontaktanzeige. Welche phantasievolle und kreative Frau hat tolle Vorschläge parat, wie ich meine Suche nach einer festen Partnerin möglichst humorvoll formulieren könnte? . . .

Aus 2. Hand, aber alles andere als 2. Wahl: Mann, 36/181/78, berufstätiger Akademiker, sucht eine erfolgsorientierte Frau für eine feste Lebensgemeinschaft. . . .

Das ist ja zum Komplexe kriegen: Um mich (♂, 32/178/76) herum ist alles verheiratet oder zumindest in fester Beziehung lebend, nur ich habe meine Traumfrau noch nicht gefunden. Vielleicht bist Du es ja?! . . .

Das tut Man(n) doch nicht: Eine Kontaktanzeige aufgeben!? Doch, warum eigentlich nicht!? Denn es könnte ja sein, daß ich (m., 32/183/81) Dir (w.) sonst nie begegnen würde. . . .

Sie (w.) trauen sich nicht zu antworten? Dann kann ich (29/180/79) Ihnen nur mein Beileid aussprechen, da Ihnen mit mir ein attraktiver, bindungswilliger Mann entgeht. . . .

Meine Zauberformel für eine harmonische Partnerschaft lautet: Ehrlichkeit, Vertrauen und Fairneß. Wie sehen denn Sie (w.) das? . . .

„Liebeskummer lohnt sich nicht, my darling!" Mann, 27/179/76, möchte das Wort Kummer aus Deinem (♀) Vokabular streichen. . . .

Sodom und Gomorrha? Nein! Rücksichtsvoller, heiratswilliger Mann, Mitte 35, 177/73, sucht eine eher ruhige und ernsthafte Frau. . . .

Heute ist Samstag, am morgigen Sonntag könntest Du (w.) Deine Antwort auf meine Anzeige schreiben, am Montag den Brief einwerfen, so daß ich (m., 27/181/80) ihn am Dienstag erhalte, Dich am Mittwoch anrufen kann, um uns für Donnerstag zu verabreden und das Wochenende und vielleicht mehr gemeinsam zu verplanen. . . .

Mann ohne Verfallsdatum, 33/178/70, sucht eine vorlaute Frau für ein erfülltes Leben zu zweit. . . .

Morgens lächelt mir im Spiegel immer ein gutaussehender Mann Mitte 30 entgegen, der nicht verstehen kann, warum er eigentlich noch Single ist. Wenn Dir (w.) Dein Spiegelbild ähnliches verrät, sollten wir uns einmal treffen. . . .

Test: 1. Sind Sie eine attraktive Frau? 2. Möchten Sie eine feste Beziehung? Wenn Sie beide Fragen mit JA beantworten können, dann sollten Sie mir (m., 42/176/68) unbedingt antworten! . . .

Zusammen sollten wir mindestens 100 Jahre alt sein! Ich (m., 178/74) steuere 59 Jahre bei, und Sie (w.)? Wenn die Summe über 120 kommt sollten Sie aber nicht antworten! . . .

Klein oder nicht klein, das ist hier die Frage! Interessanter Mann (29/164/67) sucht eine nicht zu größenwahnsinnige Frau für die große Liebe. . . .

Das kann doch nicht gutgehen! In der Zeitung inserieren und die Partnerin fürs Leben finden!? Oder doch? Mann, 31/179, ist sich (noch) unsicher. . . .

Schönheit ist vergänglich! Daher möchte attraktiver Mann (32/181/83) noch schnell eine tolle Frau kennenlernen, bevor sein körperlicher Verfall beginnt. . . .

DAS WICHTIGSTE STEHT WIE IMMER IM KLEINGE-DRUCKTEN! Mann, 54/178/74, naturverbunden, ansonsten häuslich, sucht eine verständnisvolle, nicht zu aktive Frau. ✉ ...

Alleinsein macht stark! Ich (♂, 28/187/89) denke, daß ich inzwischen stark genug für eine Frau bin, bei der ich schwach werden könnte. ✉ ...

Das Sein bestimmt das Bewußtsein! Die Antworten auf meine (m., 34/179/72) Anzeige bestimmen meine und vielleicht auch Deine (w.) weitere Zukunft! ✉ ...

Es ist soweit: Ich (m., 30/183/76) bin wieder zu haben! Suche daher eine attraktive Frau bis 30 J., die auch Lust auf eine feste Beziehung ohne (Ein-)Grenzen hat. ✉ ...

Prognosen wage ich nicht! Ich (m., 24/179/70) habe aber ein gutes Gefühl, daß unter den Zuschriften eine Frau sein wird, mit der ich schöne Zeiten verleben werde. ✉ ...

Die tolle Partnerin von meinem Geschäftspartner ist leider schon vergeben! Daher muß ich (m., 29/179/81) mich neu orientieren und eine Frau suchen, die ähnlich attraktiv, interessant und bindungswillig ist. ✉ ...

Zärtlich-chaotischer Typ, 29/180/81, sucht eine tolle Frau, die etwas Ordnung in sein Leben bringt. ✉ . . .

Meine Brille beschlägt regelmäßig in Badewanne und Sauna. Wenn sie auch bei Deinem (w.) Anblick anläuft, dann muß es wohl die große Liebe sein. Mann, 31/184/78, ist gespannt.) ✉ . . .

Komischer, grünschnäbliger Vogel, 21/183/76, sucht schwindelfreie Frau für gemeinsamen Flug über den Wolken. ✉ . . .

In zwei Jahren werde ich (m., groß und schlank) 30 Jahre! Bis dahin möchte ich eine Frau gefunden haben, die sich auch eine feste Partnerschaft wünscht. ✉ . . .

Rarität! Mann, 31/179/75, selbstkritisch, charmant und zuverlässig, sucht ebensolche Sie für eine lebendige, feste Beziehung. ✉ . . .

Klein, aber fein: Mann, 43/165/61, hoher Beamter, eigenes Haus, sucht die Bekanntschaft einer Frau, die bindungswillig ist. ✉ . . .

In ein paar Jahren geht's ins nächste Jahrtausend! Bis dahin solltest Du (w.) mir (m., 29/182/79) geantwortet, wir uns kennengelernt, verliebt, verlobt und verheiratet haben. Oder was meinst Du? . . .

Schwarz auf weiß: Ich (m., 34/181/76) möchte eine liebe Frau gleich welcher Hautfarbe kennen- und liebenlernen. . . .

Als am 29. Februar Geborener (27/181/83) habe ich selten Anlaß zum Feiern! Ich suche daher eine interessante Frau, mit der ich das Fest der Liebe feiern kann. . . .

Was für eine Verschwendung: Wir hängen beide alleine zu Hause rum und träumen von einer glücklichen Zweierbeziehung. Ich (m., 28/178/72) hoffe, Dich (w.) jetzt aufgeweckt zu haben. . . .

Hoffnungslos romantischer Mann, 36/181/79, sucht eine unberührte Frau zur Gründung einer großen Familie. . . .

Die Schwiegermütter reißen sich um mich (♂, 28/182/76)! Leider haben ihre Töchter bisher noch nicht erkannt, daß ich ein sehr interessanter Mann mit vielen Qualitäten bin. Das wird sich jetzt wohl ändern. . . .

Neues Glück!? MUSTERSTADT. Wie unsere Redaktion aus gut unterrichteten Kreisen erfahren hat, ist der 34-jährige Handwerksmeister H.D. am letzten Montag von seiner Frau geschieden worden. Sein Kommentar: „Endlich, jetzt bin ich wieder frei für eine neue und hoffentlich dauerhafte Partnerschaft." Dieser attraktive, große Mann gestattete uns ausdrücklich, seine Suche nach einer geeigneten Partnerin bekanntzugeben. Er erwartet Angebote unter ✉ . . .

Ich (m., 32/179/71) bin unfähig für eine lockere Beziehung! Ich möchte lieber eine feste Partnerin, mit der ich alles gemeinsam erleben kann. ✉ . . .

Geheimtip: Mann, 23/181/78, etwas ahnungslos, aber talentiert, sucht eine Trainingspartnerin fürs weitere Leben. Das muß aber unter uns bleiben! ✉ . . .

Hochnäsiger Mann (31/196!) sucht nicht zu klein geratene Frau für den Aufbau einer harmonischen Partnerschaft. ✉ . . .

Ich (m., 36/179/74) versuche immer wieder, es mir abzugewöhnen. Aber der Reiz ist so groß, daß es mir wohl nie gelingen wird. Oder hast Du (w.) es etwa geschafft, Deinen Wunsch nach einer tollen Partnerschaft aufzugeben? ✉ . . .

Millionenerbe (Italiener), 25/178/71, sucht eine christlich orientierte, keusche Jungfrau für den heiligen Bund der Ehe. ✉ . . .

Mann aus gutem Hause, 42/181, intelligent, sucht anspruchs-volle Sie bis Mitte 30 für die Planung einer gemeinsamen Zu-kunft. ✉ . . .

Nicht ER sucht SIE, sondern ICH suche DICH! Etwas unor-dentlicher Mann mit guten Vorsätzen, 28/181/76, möchte Dich (♀) kennen- und liebenlernen. ✉ . . .

Wetten, daß ich auf diesem Wege nicht die richtige Partne-rin kennenlerne! Ich, ♂, 34/179/76, würde mich aber gerne von Dir eines Besseren belehren lassen! ✉ . . .

Das Glücksrad (der Liebe) dreht sich ausnahmsweise mal nicht auf SAT1! Nein, Du (w.) kannst es durch einen Brief an mich (m., 28/176/73) in Bewegung setzen. Ich bin sicher, daß wir gemeinsam den richtigen Dreh finden werden. ✉ . . .

1951 war nicht nur ein gutes Weinjahr! In dem Jahr habe auch ich (m., 181/77) das Licht der Welt erblickt. Mit etwas Glück könnten Sie (w.) und ich gemeinsam in die Zukunft blicken! ✉ . . .

Mann (34/181/76) von A bis Z (A wie attraktiv, über M wie mo-dern zu Z wie zielstrebig) sucht buchstäblich tolle Frau für das ganze Alphabet der Liebe. ✉ . . .

Mann (32/176/71) möchte mal wieder einen Strauß Frühlingsblumen verschenken! Welche Sie möchte die Empfängerin sein und mit mir eine feste Beziehung aufbauen? ✉ . . .

Gehobener Durchschnittsmann, 35/188/86, vielfältige Interessen und Hobbys, möchte eine Frau von großer Statur und Persönlichkeit kennenlernen. ✉ . . .

Du suchst, ich suche! Vielleicht haben wir ja beide jetzt unser Glück gefunden. Ich (m., 32/181/77) bin jedenfalls sehr gespannt auf Deine (w.) Antwort! ✉ . . .

Just for fun? Nein, jetzt wird es mal Zeit für etwas Ernsthafteres. Beziehungswilliger Mann, 41/179/76, sucht eine nicht zu steife Sie für den Aufbau einer festen Partnerschaft ohne Leistungsdruck. ✉ . . .

Wegen der großen Nachfrage nach einem Menschen wie ich es bin, hier meine Anzeige: Mann, 39/179/80, attraktiv, intelligent, bindungsfähig und -willig, sucht eine adäquate Partnerin. ✉ . . .

Eine Portion Glück gehört wohl dazu, wenn ausgerechnet die richtige Frau meine Anzeige liest und dann darauf antwortet. Ich (m., 29/177/80) bin trotzdem frohen Mutes. ✉ . . .

Ich habe ein gutes Gefühl, daß Du (♀) mir antworten wirst. Ich (♂, 28/184/82) bin sogar fast sicher, daß Du mein Herz im Sturm erobern wirst. ✉ . . .

Vom Virus Zärtlichkeit infizierter Mann (33/178/80) möchte eine etwas verträumte und romantisch veranlagte Frau fürs Leben kennenlernen. ✉ . . .

Obelix-Verschnitt, 26/185, gutmütige und gemütliche Ausstrahlung, sucht eine sympathische Frau für gemeinsame Zeiten. ✉ . . .

Playboy möchte ich nicht sein: Viel zu stressig! Ich (27/181/78) bin genügsam und gebe mich daher mit einer tollen Frau in meinem Leben zufrieden. ✉ . . .

Ein Zucker-Bubi bin ich (26/178/73) nicht! Ich könnte aber das Salz in der Suppe Deines (w.) Lebens werden. ✉ . . .

Kapitel 11:
Mann sucht PartnerIn
für einen neuen Bekanntenkreis und/oder
Freizeitaktivitäten

Salsa! Welche Frau kann mir (♂, 31/182/79) diesen tollen Tanz beibringen? Wenn ich Dich nicht völlig aus dem Rhythmus bringe, könnte ruhig auch mehr draus werden. ✉ A 12345.

Mann, 69 Jahre, in Topform, sucht weibliches Pendant für jede Menge Aktivitäten. ✉ . . .

Ein Tänzchen in Ehren kann mann/frau niemandem verwehren! Du (w.) darfst den Treffpunkt und die Uhrzeit nennen, und ich (m., 28/184/82) werde pünktlich dort sein! ✉ . . .

Wer rastet, der rostet! Ich (m., 38/181/73) suche daher eine aktive Frau, mit der ich sowohl im sportlichen wie im kulturellen Bereich viel unternehmen kann. ✉ . . .

Null Bock auf Alleinsein? Ich (m., 27/175/71) auch! Es muß ja nicht gleich die ganz große Liebe daraus werden, aber ein paar Gemeinsamkeiten sollten sich doch finden lassen!? ✉ . . .

Gealterter Andre Agassi-Typ, 44 Jahre, sucht eine Tennispartnerin (fortgeschrittene Anfängerin) zum Bälle hin- und herschubsen! ☎ 12345

Mann, 69 Jahre, noch fit wie ein Turnschuh, möchte sich mit aktiver Frau bis 50 Jahre ins Nachtleben stürzen. ✉ . . .

Wuseliger Student, 23/184/86, ist es leid, sich immer diesen theoretischen Kram reinzuziehen. Er sucht daher eine Frau für abwechslungsreiche Unternehmungen im praxisorientierten Leben. ✉ . . .

Was jetzt wohl kommt? Nicht mehr und nicht weniger als eine normale Kontaktanzeige, mit der ein Mann (34/181/80) eine Frau für vielfältige Unternehmungen kennenlernen möchte. ✉ . . .

Es scheint so, als sollte zumindest eine tolle Frau, nämlich Du, meine (m., 24/179/76) Anzeige lesen. Wenn Du Lust auf Kino, Kneipe und ab und zu Theater hast, dann wäre ich der richtige Begleiter! ✉ . . .

Diäten sind ätzend, solange es sich nicht um die der Politiker handelt! Schwerer Mann (40/182) sucht schwere Dame für sportliche Aktivitäten mit viel Kalorienverlusten. ✉ . . .

Ich (m., 31/184/78) hätte eigentlich mal wieder Lust auf Klönen, Spielen und Lachen! Welche aktive Frau möchte mal etwas mit mir zusammen unternehmen? ✉ . . .

Biologisch abbaubarer Typ, 26/181/74, sucht natürliche Sie für bedürfnisorientierten Austausch. ✉ . . .

Zwei alleinerziehende Väter (32/34) mit insgesamt drei Kindern (w., 5/ m., 4 und 6 J.) suchen zwei alleinerziehende Mütter für Spielplatz und andere Unternehmungen. ✉ ...

Mann, 29/182/82, sportliches Modell, sucht eine aktive Frau für allerlei Unternehmungen. ✉ ...

Nichts wird so heiß gegessen, wie es gekocht wird! Welche kecke Frau möchte mich (m., 28/179) in Sachen Kochkunst unterrichten? Du kannst Dir bei Deiner Antwort ruhig die Zunge verbrennen! ✉ ...

18, 20, 22, ...! Nein, das ist nicht die Altersgruppe, die ich (m., 46 Jahre) kennenlernen möchte. Es soll nur symbolisch für mein geliebtes Skatspiel dienen, für das ich noch nette MitspielerInnen suche. ☎ 12345

Teilzeitvater, 34/178/75, geschieden, sucht Frau mit Kind(ern) für gemeinsame Unternehmungen. ✉ ...

Ich (m., 25/179/76) habe gestern einen Glückspfennig gefunden. Jetzt suche ich eigentlich nur noch eine Frau, mit der ich ihn auf den Kopf hauen kann! ✉ ...

Zum Abrocken und auf ein, zwei Bierchen zwischendurch möchte unternehmungslustiger Er (27/179/82) eine tanzfreudige Sie kennenlernen. ✉ ...

Woher soll ich (♂, 30/178/76) denn wissen, daß Du (♀) auf Kontaktanzeigen nicht antwortest? Kannst Du nicht bei mir mal eine Ausnahme machen?! ✉ ...

Anzeigen sind blöde!? Mag sein, aber Alleinsein ist auch nicht gerade sehr erbaulich! Daher versuche ich (m., 41/176) es einfach einmal. ✉ ...

Gemischte Hobby-Volleyball-Truppe (um die 30 J.) sucht noch weibliche Verstärkungen. ☎ 12345 (Werner).

Ein Single kommt selten alleine! Na jedenfalls wird das bald auf uns (Du: ♀, Ich: ♂, 32/182/79) zutreffen, da wir vieles gemeinsam unternehmen können. ✉ ...

Ich (m., 29/180/81) will mich nicht aufdrängen, aber wenn Du (w.) mir nicht antwortest, würde uns beiden eine schöne Zeit voller Unternehmungen vielfältigster Art entgehen. ✉ ...

Tobias on tour! Welche unternehmenslustige Frau möchte mich (23/182/80) bei meinen häufigen Streifzügen durch die Gemeinde begleiten? ✉ ...

Mann (36 J.) sucht Frau + Mann + Frau für Tennis-Mixed und andere Freizeitaktivitäten. Ihr solltet Spaß an der Freude haben, nicht zu ehrgeizig sein und auch mal verlieren können. ☎ 12345

Deine (w.) Nerven möchte ich (m., 25/178/76) haben! Wartest seelenruhig ab, bis ich inseriere, und grübelst sogar noch, ob Du mir überhaupt antworten willst. Gib Dir einen Ruck, damit wir gemeinsam einen Teil unserer Freizeit aufpeppen können! ✉ ...

Neu in der Stadt! Ich (m., 22/182/78) bekomme eine echte Krise, wenn ich nicht bald ein paar nette Leute kennenlerne, mit denen ich vieles (Sport, Kneipe, Theater) gemeinsam unternehmen kann. ✉ ...

Jetzt haben die meine Anzeige doch abgedruckt, obwohl ich (m., 26/182/76) eigentlich noch zögerlich war. Nun ist's auch schon egal: Also, wie wär's, wenn mir eine Frau antwortet, die auch keinen Bock mehr auf Glotze hat? ✉ ...

Häuslicher Typ, 34/181/80, sucht ebensolche Frau für gemeinsame Spieleabende wie z.B. Schach und Domino (nicht Domina). ✉ ...

Keine Macht den Drögen! Sehr unternehmungslustiger Mann, 28/176/70, sucht Menschen mit Power, die Lust auf vielfältige Aktivitäten haben. ✉ . . .

Du (w.) bist gemein, wenn Du meine Anzeige nicht wenigstens bis zum Ende durchliest! Da Du aber fair und hoffentlich auch neugierig bist, möchte ich (m., 34/179/76) Dich mit einer Einladung zu einem unverbindlichen Essen belohnen, bei dem wir erkunden können, ob wir vielleicht gemeinsame Interessen haben. ✉ . . .

Wenn Du (w.) einen interessanten Partner für Freizeitaktivitäten suchst, dann findest Du ihn (29/182/79) unter der Chiffrenummer . . .

Ich (m., 27/177/71) habe ein bißchen ein schlechtes Gewissen, daß ich Dir (w.) erst mit dieser Anzeige die Gelegenheit gebe, mich für vielerlei Unternehmungen kennenzulernen. ✉ . . .

Das sehe ich (m., 33/176/70) aber gar nicht gerne, daß Du auch noch die anderen Anzeigen durchlesen willst. Schließlich hast Du (w.) mit mir bereits den idealen Partner für sportliche und andere Freizeitaktivitäten gefunden. ✉ . . .

Mann mit großer Knautschzone, 32/187, sucht für etwas ruhigere Aktivitäten wie z.B. Spazierengehen, Radfahren, . . . eine humorvolle Begleiterin. ✉ . . .

Stehe ich (m., 27/182/78) etwa vor einer großen Enttäuschung? Oder wirst Du (w.) mir doch antworten, damit wir vieles gemeinsam unternehmen können?! ✉ . . .

Dünner Hering (30/181) sucht schlanke Meerjungfrau für gemeinsame Besuche von Sauna, Schwimmbad und Kneipe. ✉ . . .

Nachtschwärmer (25/179/78) sucht Nachteule, die auch keine Sperrstunde kennt. ✉ . . .

Ich (m., 34/184/86) werde zum Glück nie erfahren, welch tolle Frauen meine Anzeige zwar lesen, aber nicht antworten. Ist aber auch egal, da mir Deine Antwort besonders wichtig ist und wir dann vieles gemeinsam unternehmen können. ✉ . . .

Kapitel 12:
Mann sucht Partnerin
für eine lockere Beziehung

Zähmbarer Löwe mit flauschiger Mähne, 24/183/86, sucht eine lockere Beziehung zu einer selbstbewußten Frau. ✉ A 12345.

Völlig unsportlicher Fußballfan, 41/180/81, sucht eine Frau, die ihm mehr zu bieten hat als die Sportschau. ✉ . . .

Das ist die Idee: Ich (m., 25/181/77) inseriere, und es melden sich jede Menge toller Frauen! Dann kann ich endlich meinen Fernseher wegwerfen, da ich sieben Tage in der Woche spannende Abwechslung live habe. ✉ . . .

Das beste Mittel für Frauen gegen Vitamin-, Mineralstoff- und andere Mangelerscheinungen: Ich (m., 24/181/78)! ✉ . . .

Mann wie ein Fels, 34/188/94, trotzdem sensibel und zärtlich, sucht eine Frau, die auch nicht gerade am Hungertuch genagt hat, für spontanes Abenteuer. ✉ . . .

Der vielen late-night-shows im Fernsehen überdrüssig, suche ich (m., 34/181/83) eine powervolle Frau, die mit mir ein eigenes Nachtprogramm auf die Beine stellen möchte. ✉ . . .

Make love not war! Liebevoller, zärtlicher Mann, 24/181/76, sehnt sich nach einer Frau, die sich ihre Streicheleinheiten in einer lockeren Beziehung abholen möchte. ✉ . . .

Seit Sylvester 1994 rauche ich (m., 34/182/83) nicht mehr, na jedenfalls nicht viel mehr! Ich suche eine Frau, mit der ich gemeinsam aufhören und andere Laster entdecken kann. ✉ . . .

Ich möchte Ihnen (♀) einen interessanten Mann vorstellen: Alexander, Ende 20, groß und schlank, sportlich, unternehmungslustig . . . Welche aktive Frau fühlt sich (von mir) angesprochen? ✉ . . .

Des ewigen Sitzens müder Beamter, 44/177/76, braucht mal etwas Action! Welche inspirierende Frau bringt mich in Bewegung? ✉ . . .

Für den Sandkasten bin ich schon zu alt, für eine Heirat noch zu jung! Mann, 22/178/74, sucht daher etwas, das irgendwo dazwischen liegt. Vielleicht hast Du (w.) ja einen tollen Vorschlag!? ✉ . . .

Ja, ich (m., 33/178/78) mag Strapse! Warum eigentlich auch nicht! Welche peppige Frau hat Lust, mich kennenzulernen? ✉ . . .

Keine Sorge: Zweideutige Angebote auf meine (♂, 28/182/80) Anzeige werden auch beantwortet! Allerdings wüßte ich lieber gleich, woran ich bei Dir (♀) bin! ✉ . . .

Mal unter vier Augen! Ich (♂, 34/181/77) suche eine Frau, die einen Mann sucht, der gemeinsame Geheimnisse bewahren kann. ✉ ...

Feste Beziehung und Friede – Freude – Eierkuchen!? Wie langweilig! Wo ist die fesselnde, lockere Frau, die mit mir (♂, 25/181/76) hin und wieder auf Entdeckungsreise gehen möchte? ✉ ...

Gummibärchen werden vernascht! Was machst Du (w.) mit einem Kuschelbären (29/186/85)? Du kannst mir Deine Ideen gerne mitteilen! ✉ ...

Warum noch mehr versäumen? Mann, 32/183, sucht gleichgesinnte Sie (auch gebunden!) zum hemmungslosen Zärtlichkeitsaustausch. ✉ ...

Mir fällt die Decke auf den Kopf! Mann mit Kick, 25 J., muß mal wieder etwas unternehmen. Vielleicht können wir uns zusammen die Bettdecke auf den Kopf fallen lassen u.v.a.m.!? ✉ ...

Durstiger Endzwanziger sucht Oase der Sinnlichkeit! Welche prickelnde Sie (Keine Fatamorgana!) teilt meine Bedürfnisse? Wegweiser bitte unter ✉ ...!

Ausgezeichneter Liebhaber (Ohne Gewähr!), 28/187/85, sucht das gelegentliche, zärtliche Abenteuer mit einer gebundenen Frau. ✉ ...

Was will Mann mehr? Du, eine konkurrenzlos aufregende Frau, möchtest mich (30/185) kennenlernen und mit mir eine schöne Zeit verleben. In ein paar Tagen ist es soweit. ✉ ...

Bei mir liegen Sie richtig! Verschmuster Mann (31/180/77) möchte eine lebhafte Frau kennenlernen. ✉ ...

Sex ist nicht alles! Aber ...! Sehr sinnlicher Mann, 34/176/74, ist an einer stark erotischen Beziehung mit einer genußsüchtigen Frau interessiert. ✉ ...

Prost Mahlzeit! Wenn sich auf meine Anzeige wieder nur heiratswütige Frauen melden, dann gebe ich (m., 31/182) halt noch eine weitere auf. ✉ ...

Wo ist die heiße Frau, die coole Typen (26/181/82) zum Schmelzen bringt? Brenzlige Antworten unter ✉ ...

Die Angst des Mannes vor dem Seitensprung! Stark vernachlässigter Ehemann, 34/180/81, möchte seine Vorbehalte aufgeben und eine Frau kennenlernen, die sich in ähnlicher Situation befindet. ✉ ...

I want you! Ja, ich (m., 24/180/76) würde mich freuen, wenn Du, eine attraktive und unternehmungslustige Frau bis Ende 20, Dich bei mir melden würdest! ✉ ...

Wie kommst Du (w.) denn bloß da drauf? Ich (m., 27/184/87) will Dir Deine Selbständigkeit und Unabhängigkeit doch gar nicht rauben. Mir würde es schon reichen, wenn wir uns ab und zu einmal sehen könnten! ✉ ...

Nach der Statistik möchte jede 4. Frau jeden Tag Liebe. Mir (m., 34/183/82) würde schon eine dieser aufregenden Frauen genügen. ✉ ...

Fremdgehen leichtgemacht: Mann, 34/180/78, gebunden, aber getrennt wohnend, sucht die auch etwas vernachlässigte Frau für innigen Hautkontakt bei ihm. ✉ ...

Gut – besser – Heribert!!! Welche anbetungswürdige Frau bis ca. 35 Jahre möchte mich (38/181/79) kennenlernen und mit mir die schönen Dinge des Lebens genießen? ✉ ...

Ja, ja, ja!!! Ja, ich (♂, 32/178/76) bin verheiratet! Ja, ich bin nicht treu! Ja, ich möchte Dich, eine attraktive Frau für eine lockere Nebenbeziehung kennenlernen. ✉ . . .

Ich (m., 28/185/88) habe von nichts keine Ahnung, aber eines weiß ich genau: Ich bin ein sehr guter Liebhaber und suche eine Frau, die auch Lust auf das Ausleben ihrer Sinnlichkeit hat. ✉ . . .

Hoffentlich enterben mich (m., 26/180/81) meine Eltern nicht, wenn ich hier meinen Wunsch nach einer lockeren, erotischen Beziehung mit einer unkomplizierten Frau artikuliere! ✉ . . .

S.O.S. – Sommer ohne Sex? Nein, das muß nun wirklich nicht sein. Daher suche ich, ♂, 29/182/84, eine sehr sinnliche Frau, die allerdings auch nichts vom Heiraten hält. ✉ . . .

Hier ist Dein Traummann! Aber nur dann, wenn auch Du (w.) keine Besitzansprüche stellst und auch Freiräume brauchst. Ich (24/182/81) erwarte Deine aussagekräftige Antwort bitte mit Bild! ✉ . . .

Akadämlicher Typ, nein, akademischer Mann, ein Schrank von einem Mann, nein, ein schlanker Mann, 82 J. alt, nein 28 J. jung, 177 cm bloß, nein 180 cm groß (mit Schuhen), sucht keine, nein, eine Frau für eine sinnlose, nein, für eine sinnliche Beziehung. ✉ . . .

Toxisch gutaussehender Mann, 31/182/80, romantisch, zärtlich, leidenschaftlich, sucht eine tolle Frau für, na für was schon!? ✉ . . .

Beziehungsrettender Tip: Gönnen Sie (w.) sich mal eine sehr lohnende Abwechslung mit mir (m., 27/185/87), das wird wieder Pepp in Ihren Alltag bringen! ✉ . . .

Ich weiß etwas, was Du (noch) nicht weißt! Ich bin ein sehr attraktiver und zärtlicher Mann (29/181/83), der eine Frau wie Dich für die sinnlichen Momente im Leben sucht. ✉ . . .

Macht nix, wenn Du (♀) verheiratet oder irgendwie anders gebunden bist. Denn das bin ich (♂, 38/178/76) auch und suche trotzdem Abwechslung mit einer gleichgesinnten Frau. ✉ . . .

Mal ganz unter uns: Ich (m., 37/179/74) suche eine lockere Beziehung, und Du (w.) suchst eine lockere Beziehung. Warum sollten wir es nicht gemeinsam versuchen?! ✉ . . .

Ach vergiß es, wenn Du (w.) gleich ans Heiraten denkst! Wenn Du aber wie ich (m., 27/183/85) einer möglichen Entwicklung gelassen entgegen siehst, dann solltest Du mir unbedingt antworten! ✉ . . .

Meine Frau hat mich betrogen! Da ich (37/180/78) für Gleichberechtigung bin, möchte ich eine Frau kennenlernen, die ähnliche Erfahrungen gemacht hat und mit mir einen Seitensprung wagt. ✉ . . .

Wie wär's mit uns zweien? Ich (m., 25/181/84) bin zumindest einen Versuch wert und hoffe, daß Du (w.) dieses unverbindliche Angebot wahrnimmst! ✉ . . .

Keine Regel ohne Ausnahme! Grundsätzlich bin ich (♂, 32/176/75) ja eigentlich treu, aber wenn Du (w.) mir antwortest, könnte ich vielleicht schwach werden. ✉ . . .

Wir müssen uns beeilen, denn es ist wohl nur noch eine Frage der Zeit, bis der Finanzminister auch eine Vergnügungssteuer auf die schönste „Sache" der Welt erhebt! Also antworte (w.) mir (m., 29/183/87) bitte möglichst schnell! ✉ . . .

Wer nicht wagt, der hat schon verloren! Daher riskiere ich (m., 28/179/77) es einfach, hier meinen Wunsch nach einer lockeren Beziehung zu veröffentlichen. ✉ . . .

Vergiß Deinen Verflossenen! Denn jetzt hast Du (w.) die Chance, mich (m., 26/178/73) kennenzulernen und Dich mal wieder so richtig auszutoben. ✉ . . .

Made for you! Mann der Luxusklasse, 29/186/81, sucht das große Abenteuer mit einer aufgeschlossenen Frau. ✉ . . .

Beichte: Ich (m., 37/180/78) bin in Gedanken schon 1000mal fremdgegangen. Hat Du (♀) ähnliches zu beichten, dann könnten wir doch eigentlich zusammen Buße tun! ✉ . . .

Zensierte Fassung: Bedürfnisorientierter Mann, 34/181/84, sucht eine tolle Frau für den Austausch erotischer Phantasien. ✉ . . .

Kapitel 13:
Mann sucht Partnerin
für dies und das und jenes

Ich (m., 46/181/78) erinnere mich schwach, daß da doch noch etwas war, was ich immer sehr gerne getan habe. Welche Frau kann mir auf die Sprünge helfen? ✉ A 12345.

Ein fairer Vorschlag: Du (w.) schreibst mir zunächst einen netten Brief, und dann sehen wir weiter! Ich (m., 29/181/73) kann es kaum erwarten, Dich kennenzulernen. . . .

Seßhafter Mann (Knast wegen Heiratsschwindel), 55/178/68, ist bald wieder frei! Welche tolerante Frau hat ernste Absichten und möchte ihn kennen- und vielleicht auch liebenlernen? . . .

Ein temperamentvoller Mann, made in Italy, 26/178/71, ist sehr gespannt, welche Frauen sich auf seine Anzeige melden! . . .

Ich (m., 27/178/79) weiß wirklich nicht, warum ich überhaupt inseriere! Vielleicht kannst Du (w.) mir ja auf die Sprünge helfen!? . . .

Dick und doof? Denkste! Dick, na gut, aber alles andere als doof! Mann, 32/181, sucht vollschlanke Frau zum Ausleben gemeinsamer Interessen. . . .

Rarität vor Ort: Mann, 26/178/71, ansprechendes Design, aufgeschlossen, möchte eine Frau kennenlernen, die auf Individualität steht. . . .

Gelifteter Mann (täglich vom Erdgeschoß in den 6. Stock rauf und runter), 34/178/76, würde gerne eine Frau kennenlernen, die sowohl die Höhen als auch die Tiefen des Lebens kennt. . . .

☆

Prototyp eines gelungenen männlichen Exemplares, 26/181/77, verbesserungsfähig, möchte weibliche Kreation mit Lust auf Veränderungen kennenlernen. . . .

☆

Hallo, da bin ich! Üppiger Typ, 24/177/89, sucht ansprechende Frau, die auch nicht mit ihren Pfunden geizt. . . .

☆

Rüstiger, 27-jähriger Mann, 180/81, möchte eine taufrische Frau kennenlernen. . . .

☆

Wer mich nicht kennt, hat die letzten 29 Jahre verpennt! Mann, 181/78, gibt Frau aber noch die Chance, dieses wiedergutzumachen! . . .

☆

Sex and drugs and rock'n roll? Solide gewordener Enddreißiger, 178/74, möchte es mal etwas ruhiger angehen lassen. Welche durchschnittliche Frau teilt mein Bedürfnis? ✉ . . .

☆

Noch 10 Sekunden, noch 9, 8, 7, 6, 5, 4, 3, 2, 1: Schusseliger Typ mit Trumpfkarte im Ärmel, 34/180/75, sucht verspielte Frau mit Lust auf Geben und Nehmen. . . .

☆

Knuspriger Bäcker (34/183/80) möchte eine unabhängige Frau mit gutem Geschmack kennenlernen. . . .

☆

Lesen Sie (w.) zum ersten Mal eine Kontaktanzeige? Dann haben Sie Glück gehabt, daß es gleich ausgerechnet meine (m., 31/181/76) ist. Vergessen Sie die anderen, und antworten Sie nur mir! . . .

☆

Na so was! Ausgerechnet wir beide müssen uns auf diesem Wege kennenlernen!? Aber besser so als gar nicht. Ich (m., 25/183/81) bin jedenfalls entzückt. . . .

☆

Ich (m., 30/177/72) bin schon etwas aufgeregt: Was soll ich anziehen, was soll ich sagen, was . . ., wenn ich Dich (w., unternehmungslustig) das erste Mal treffe. Es wird schon, oder!? . . .

☆

Überraschung! Mann zwischen 20 und 60 J., zwischen 160 und 190 cm, zwischen 60 und 90 kg, zwischen schön und häßlich, zwischen gut und böse, hofft, Deine (♀) Neugierde geweckt zu haben. . . .

☆

. . . 98, 99, 100 – Ich komme! Ich (m., 25/187/82) hoffe, daß ich auf der richtigen Fährte bei Dir (w.) bin!? . . .

☆

Muß ich (m., 23/178/76) Dir (w.) erst einen roten Teppich ausrollen, oder antwortest Du mir auch ohne? . . .

☆

Verstehen Sie Spaß? Ja, toll, ich (♂, 40/179/76) auch. Heiter-ironischer Typ würde sich freuen, wenn wir gemeinsam lachen könnten. . . .

☆

Ich heiße Manfred (32/182/81) und komme aus dem hohen Norden. Bin aber trotzdem kein kühler Typ, nein im Gegenteil eher heiß auf eine humorvolle, naturverbundene Frau. . . .

☆

Junger Witwer (43/185/83) sucht junge Witwe zwecks Erfahrungsaustausch und vielleicht auch mehr. . . .

☆

Trockener Alkoholiker, 38/179/74, sucht eine flüssige Frau für abstinenzfreie Genüsse. . . .

☆

Pechvogel sucht sein Glück! Ich (♂, 29/182/82) würde mich über die Zuschrift einer Frau freuen, die ihren Optimismus auf mich überträgt. ✉ ...

Polyglotter Typ (37/180/84) sucht vielsagendes weibliches Wesen für vielversprechende Zeiten. ✉ ...

17 + 4 ist mein Lieblingsspiel! 17 + 4 ist auch mein Alter. Verdoppelt ergibt es meine Schuhgröße, vervierfacht mein Gewicht und verachtfacht meine Größe. Welche Frau kann sich mit diesen Daten anfreunden? ✉ ...

Bäcker (44/179/80) möchte keine kleinen Brötchen mehr backen! Er wünscht sich daher die Bekanntschaft einer großartigen Frau, die auch groß rauskommen möchte. ✉ ...

Als ich (m.) 18 Jahre alt war, da wuchsen die Bäume noch in den Himmel! Heute (20 Jahre später) hat mir der saure Regen alles vermiest. Oder gibt es noch resistenten weiblichen Nachwuchs? ✉ ...

Galgenhumor? Wenn auch Du (w.) über diesen verfügst, dann könnten wir doch eigentlich gemeinsam lachen! Ich (m., 28/188) habe den Strick zwar noch nicht um den Hals, bin aber trotzdem für jede Abwechslung vom Alltag offen. ✉ ...

Ich (m., 33/180/81) möchte doch nur Dein Bestes und biete Dir (w.) natürlich auch meines an! Vielseitig interessierter Mann möchte sich mal wieder verlieben. . . .

☆

Wie sich das anhört: Mann, 34/182/84, sucht interessante Begleiterin für Freizeitaktivitäten und vielleicht mehr! Welche Frau soll durch einen so langweiligen Text schon auf mich aufmerksam werden? Du doch bestimmt auch nicht, oder?! . . .

☆

Ganz schön clever! Du (w.) willst gleichzeitig auf mehrere Anzeigen antworten, damit Du eine größere Auswahl hast. Ich (m., 32/178/73) habe nichts dagegen, wenn ich darunter bin. Ich wünsche mir viel Glück! . . .

☆

Willst Du (w.) wirklich so lange warten, bis wir uns vielleicht einmal zufällig über den Weg laufen? Nein?! Ich (m., 28/177/79) eigentlich auch nicht. . . .

☆

Pfiffiger Typ, 27/180/76, sucht Verstärkung. Du (♀) solltest vielseitig interessiert, aufrichtig und selbstbewußt sein! . . .

☆

Preisausschreiben: Mann, 41/178/76, verlost unter allen Einsenderinnen einen zauberhaften Abend mit Essengehen, Kneipenbummel und romantischem Ausklang bei Kerzenlicht. Teilnahmebedingung: Frau bis 40 Jahre! . . .

☆

Wenn ich (m., 37/183/81) drei Wünsche frei hätte, dann würde ich auf eine einsame Insel mitnehmen: 1. meinen Hund, 2. tonnenweise Snacks und 3. Dich (w.). Und wie sieht es bei Dir aus? . . .

☆

Augenweide oder Trauerbirke? Die Beantwortung dieser Frage lege ich (m., 27/177/74) in die zärtlichen Hände einer Frau, die nicht zu leichtlebig ist. . . .

☆

Bitte nicht weiterlesen! Na gut, wenn Du (w.) nicht hören kannst, dann solltest Du mir (m., 31/183/77) jetzt aber auch antworten! . . .

☆

Schwereloser Mann, 27/181/63, möchte Dich, die schlanke, flugtaugliche Frau kennenlernen. . . .

☆

Lieber ein Brett vorm Kopf als eine Platte von Peter Alexander! Mann, 28/182/78, kein Akademiker, aber auch nicht auf den Kopf gefallen, möchte eine humorvolle Frau kennenlernen. . . .

☆

Hier Seniorenheim Jungbrunnen: Junggebliebener alter Herr (74/179/78) möchte eine ältere Dame mit eigener Wohnung kennenlernen. . . .

☆

Gewinnen Sie (w.) meine (m., 35/178/76) Sympathie zunächst durch einen netten Brief! Später können Sie mich dann persönlich von Ihrer Attraktivität überzeugen! ✉ . . .

Mensch ärgere Dich nicht! Denn hier inseriert ein Feuerwerk der guten Laune (m., 27/183/76). Wenn Du (w.) Dich von meinem Optimismus anstecken lassen möchtest, dann nix wie antworten! ✉ . . .

Ich (m., 30/182/81) rechne so mit 10 bis 15 Zuschriften. Hoffentlich ist auch Dein (w.) Brief unter den Antworten! ✉ . . .

Daß ich (m., 28/181/81) ein leidenschaftlicher Sammler von Leuchten bin, läßt nicht unbedingt darauf schließen, daß ich selber eine bin! Aber finde (w.) es doch selber heraus! ✉ . . .

Männermüde? Dann versuch (♀) es doch trotzdem einmal mit mir! Ich (26/178/76) glaube, ich könnte Dir gefallen. ✉ . . .

Eigentlich weiß ich noch gar nichts von Dir (w.)! Aber ich (m., 26/182/75) kenne ja noch nicht einmal mich selber und meine Wünsche. Vielleicht können wir das alles gemeinsam herausfinden!? ✉ . . .

Kurz und bündig: Mann, 34/179/70, möchte eine Frau bis Mitte 40 kennenlernen. ...

☆

Wieso willst Du (w.) ausgerechnet mich (m., 24/178/71) kennenlernen? Du kannst doch eigentlich gar nicht wissen, daß ich ein sehr interessanter Mann bin. ...

☆

Frauen sind schöner als Männer! Daher suche ich (♂, 26/176/68) eines dieser attraktiven weiblichen Wesen. ...

☆

Ja, ja, so ist das! Ja, ich (m., 28/181/73), ja, was will ich eigentlich? Ach ja, ich möchte eine interessante Frau kennenlernen. ...

☆

Los geht's! Ungebundener Mann, 32/181/74, erwartet die Zuschriften von Frauen, die auch nicht wissen, was sie wollen! ...

☆

Weißt Du (w.), was wir als erstes machen? Ich (m., 23/177/74) eigentlich auch nicht. Aber zusammen wird uns bestimmt etwas Tolles einfallen! ...

☆

Mann-oh-Mann! Was soll ich (26/181/78) nur schreiben, um eine tolle Frau auf meine Anzeige aufmerksam zu machen? Werde wohl nächste Woche noch einmal inserieren. Wer trotzdem schon antworten möchte, kann dies gerne tun! . . .

☆

Tut sie es, oder tut sie es nicht? Antwortest Du (w.) mir, oder antwortest Du mir nicht? Ich (m., 33/178/76) habe mich für die positive Variante entschieden. Und Du? . . .

☆

„Frauen kommen langsam, aber gewaltig!" Na gut, ich (♂, 24/185/84) warte zwei Wochen. Wenn Du (♀) bis dahin nicht auf meine Anzeige geantwortet hast, wird sich ein Warten wohl nicht mehr lohnen. . . .

☆

Ich (m., 31/178/76) distanziere mich hiermit ausdrücklich von dieser Anzeige! Andererseits scheint es ja die einzige Möglichkeit zu sein, Dich (w.) endlich einmal kennenzulernen. Mach das Beste draus! . . .

☆

Eene, meene, muh, und antworten mußt Du (w.)! Schriller Typ (23/176/71) freut sich auf Deinen Brief. . . .

☆

Sind Sie (w.) mit den Gepflogenheiten von Kontaktanzeigen vertraut? Nein (?), ich (m., 34/180/76) auch nicht. Vielleicht sollten wir gemeinsam herausfinden, was sich daraus machen ließe! . . .

☆

Typisch Mann!? Gibt's das eigentlich noch, oder sind wir nicht gleichberechtigte Wesen mit Stärken und Schwächen? Mann, 41/183/77, würde darüber gerne mal mit einer interessanten Frau diskutieren. Vielleicht auch mehr. ✉ . . .

✉ **A 12345!**

Es tut mir leid, aber meine (♂, 35/178/76) Anzeige richtet sich nur an die eher vornehme, gebildete und solvente Dame bis 45 Jahre. Antworten von Emanzen sind zwecklos! ✉ . . .

Entschuldige, daß ich (m., 31/178/71) erst heute inseriere! Aber ich konnte doch nicht wissen, daß es Dich, die attraktive Frau, in dieser Stadt gibt. ✉ . . .

Setz (w.) bloß nicht zu hohe Erwartungen in mich! Ich (m., 29/183/78) werde Dir auch keine unerfüllbaren Bedingungen stellen. ✉ . . .

Pssst! Nicht weitersagen! Ich (m., 27/177/68) inseriere hier, und keiner weiß davon. Welche Frau kann auch Geheimnisse bewahren? ✉ . . .

Macho-light, 28/181/82, sucht gemäßigte Emanze für Gedanken- und anderen Austausch. ✉ . . .

Schön und intelligent bin ich (m., 38/182/79) nicht unbedingt! Dafür habe ich aber auch keine finanziellen Reichtümer zu bieten. Meine Werte werden eher im Inneren vermutet. Welche humorvolle Frau kann das glauben? . . .

☆

Auch wenn Du (w.) Dich auf den Kopf stellst, ich, ein großer und schlanker Mann Mitte 30, werde so lange inserieren, bis Du mir geantwortet hast! Denn es wäre doch mehr als bedauerlich, wenn wir uns nicht kennenlernen würden. . . .

☆

Früher oder später wirst Du (♀) mir (♂, 26/182/78) über den Weg laufen! Warum also noch abwarten, antworte mir doch lieber gleich! . . .

☆

Sommerzeit, Winterzeit, höchste Zeit, daß wir uns kennenlernen. Ich (♂, 31/177/72) erwarte Deine (♀) Antwort noch vor der Jahrtausendwende. . . .

☆

Woran denkst Du (w.) gerade? Du fragst Dich bestimmt, wer ich bin und ob Du mir antworten solltest. Ich (m., 26/178/70) hoffe, die Antwort fällt positiv aus! . . .

☆

Lange Haare, lange allein, Langeweile! Unkonventioneller Typ, 34/181/74, sucht eine Frau für die eine und die andere Überraschung. . . .

☆

Nachwort

Kontaktsuche über Kleinanzeigen: Liebe auf die erste Zeile, Wahrnehmung der letzten Chance oder illusionäre Wunschvorstellung? Wenn Sie mich fragen, kann die Aufgabe einer Kontaktanzeige zu allen denkbaren Ergebnissen führen.

Entscheidend ist wohl, von welchen Motiven und Absichten sich Inserenten leiten lassen. Wird mit der festen Vorgabe annonciert, dadurch *den* Traumpartner schlechthin kennenzulernen, dann sollte eine Enttäuschung zumindest in Erwägung gezogen werden, denn wie im Alltagsleben dürfte die Chance bei Kontaktanzeigen kaum größer sein, daß sich die Idealvorstellung realisieren läßt.

Also bitte keine zu hohen Erwartungen hegen und die Kontaktanzeige als das akzeptieren, was sie ist: eine von vielen Möglichkeiten, um neue zwischenmenschliche Beziehungen aufzubauen. Wenn sich daraus die große Liebe entwickelt, um so erfreulicher.

Natürlich läßt sich die Chance, interessante Menschen kennenzulernen, durch die Textgestaltung des Inserates erhöhen. Auf Standardinhalte werden sich – wenn überhaupt – eben nur Menschen melden, die weniger Wert auf individuelle Ausdruckskraft legen und eigentlich austauschbar auf fast jede Anzeige antworten könnten. Die Herausstellung der eigenen Persönlichkeit, der Interessen und der Erwartungen ist unabdingbar, um die Zuschriften auf solche zu begrenzen, die tatsächlich an diesen Merkmalen interessiert sind. Wird der Inhalt noch – wie in den zahlreichen Beispielen dieses Buches – in originelle Worte gekleidet, so dürfte sich die gewünschte Resonanz einstellen.

Viel Erfolg und viele nette „Kontakte" wünscht Ihnen

Veronika Krüger

Anhang:
Abkürzungsverzeichnis für Kontaktanzeigen

Abent. = Abenteuer
a.D. = außer Dienst
ähnl. = ähnlich
Akad. = AkademikerIn
akt. = aktiv
Aktiv. = Aktivitäten
alleinst. = alleinstehend
alltägl. = alltäglich
altern. = alternativ
ambit. = ambitioniert
amüs. = amüsant
Anf. = Anfang
Anh. = Anhang
anspr. = ansprechend
Antw. = Antwort
anzieh. = anziehend
arbeitsl. = arbeitslos
Astrol. = Astrologie
atemb. = atemberaubend
athl. = athletisch
attr. = attraktiv
ätz. = ätzend
aufgeschl. = aufgeschlossen
aufm. = aufmerksam
Ausstr. = Ausstrahlung

bärt. = bärtig
bas. = basierend
Bauj. = Baujahr
beantw. = beantworten
Begl. = BegleiterIn
berufl. = beruflich
Bez. = Beziehung
bl. H. = blonde Haare
br. Aug. = braune Augen

briefl. = brieflich
bürgerl. = bürgerlich

Char. = Charakter
charm. = charmant
cour. = couragiert

dauerh. = dauerhaft
dev. = devot
Diskr. = Diskretion
div. = diverse
dom. = dominant
du.-haar. = dunkelhaarig
dyn. = dynamisch

ehrb. = ehrbar
ehrl. = ehrlich
eig. = eigene
eigenst. = eigenständig
einf. = einfühlsam
eleg. = elegant
emanz. = emanzipiert
emot. = emotional
engag. = engagiert
erf. = erfahren
erfolgr. = erfolgreich
ernstgem. = ernstgemeint
ernsth. = ernsthaft
erot. = erotisch
erw. = erwarte/erwünscht
esot. = esoterisch
evtl. = eventuell
Esp. = Esprit
etabl. = etabliert
euph. = euphorisch

exkl. = exklusiv
exp. = experimentierfreudig
expl. = explosiv
extrav. = extravagant

f. = für
Fam. = Familie
fasz. = faszinierend
feinf. = feinfühlig
fem. = feminin
fin. = finanziell
flex. = flexibel
fortg. = fortgeschritten
Fotogr. = Fotografieren
Freih. = Freiheit
Freiz. = Freizeit
fröhl. = fröhlich

Geborg. = Geborgenheit
gefühlv. = gefühlvoll
geg. = gegeben
gegens. = gegenseitig
geistr. = geistreich
gel. = gelegentlich
Gemeins. = Gemeinsamkeiten
Gemütl. = Gemütlichkeit
gepfl. = gepflegt
ges. = gesucht
gesch. = geschieden
ggf. = gegebenenfalls
gleichb. = gleichberechtigt
gr. = groß
Gr. = Größe
großar. = großartig
großh. = großherzig
großz. = großzügig
gutauss. = gutaussehend
guts. = gutsituiert
GV = Geschlechtsverkehr

harm. = harmonisch
herzl. = herzlich

homos. = homosexuell

indiv. = individuell
Int. = Interesse(n)
intell. = intelligent
inter. = interessiert/-sant
i.R. = im Ruhestand

J. = Jahre
jg. = jung
jugendl. = jugendlich

kinderl. = kinderlieb
kl. = klein
konfess. = konfessionell
konserv. = konservativ
Konz. = Konzert
kreat. = kreativ
Kribb. = Kribbeln
krit. = kritisch
kult. = kulturell
kultiv. = kultiviert

Lachf. = Lachfalten
langb. = langbeinig
langfr. = langfristig
langh. = langhaarig
leb. = lebendig
led. = ledig
leidensch. = leidenschaftlich
lesb. = lesbisch
liebev. = liebevoll
Liebh. = LiebhaberIn
lust. = lustig
lustv. = lustvoll
lux. = luxuriös

m. = mit
m. Anh. = mit Anhang
m., männl., ♂ = männlich
mask. = maskulin
Minig. = Minigolf

mod. = modern/modisch
modebew. = modebewußt
mö. = möchte
mögl. = möglich(st)

natürl. = natürlich
naturv. = naturverbunden
neug. = neugierig
niveauv. = niveauvoll
NR = NichtraucherIn
NTr = NichttrinkerIn
Nud. = NudistIn

o. = oder
o.ä. = oder ähnliches
oh. = ohne
ökol. = ökologisch
opt. = optimistisch
ord. = ordentlich
orig. = originell
ortsgeb. = ortsgebunden

Partn. = PartnerIn(schaft)
pens. = pensioniert
pers. = persönlich
Pers. = Person
Persp. = Perspektive
phantasiev. = phantasievoll
plat. = platonisch
pol. = politisch
prom. = promoviert

Radf. = Radfahren
raff. = raffiniert
real. = realistisch
reisel. = reiselustig
reizv. = reizvoll
rel. = religiös
rom. = romantisch
rundl. = rundlich

schlk. = schlank

Sehns. = Sehnsucht
Seitenspr. = Seitensprung
selbstb. = selbstbewußt
selbst. = selbständig
Selbstv. = Selbstvertrauen
Sen. = SeniorIn
sens. = sensibel
ser. = seriös
sex. = sexuell
sinnl. = sinnlich
SM = Sado-Masochismus
sol. = solide
solv. = solvent
souv. = souverän
spirit. = spirituell
sportl. = sportlich
Sternz. = Sternzeichen
Stud. = StudentIn
su. = suche
symp. = sympathisch

tabul. = tabulos
tal. = talentiert
tanzfr. = tanzfreudig
Tanzk. = Tanzkurs
Tel., ☎ = Telefonnummer
telef. = telefonisch
temper. = temperamentvoll
Term. (date) = Termin
tierl. = tierlieb
tol. = tolerant
traumh. = traumhaft
tradit. = traditionell

u., & = und
u.a. = unter anderem
u.ä. = und ähnliches
u.v.a.m. = und vieles andere mehr
unabh. = unabhängig
ungeb. = ungebunden
ungez. = ungezogen
ungezw. = ungezwungen

unkompl. = unkompliziert
unkonv. = unkonventionell
Untern. = Unternehmungen
unverb. = unverbindlich
Url. = Urlaub
usw./etc. = und so weiter

v. = von/m
Veg. = VegetarierIn
Verabr. = Verabredung
Verh. = Verhältnis
verh. = verheiratet
vernachl. = vernachlässigt
verschm. = verschmust
versp. = verspielt
Vertr. = Vertrauen
verw. = verwitwet

viels. = vielseitig
vollk. = vollkommen

w., weibl., ♀ = weiblich
warmh. = warmherzig
wicht. = wichtig
wohlprop. = wohlproportioniert

zärtl. = zärtlich
zauberh. = zauberhaft
z.B. = zum Beispiel
zierl. = zierlich
Zuk. = Zukunft
Zuschr., ✉ = Zuschriften
zuverl. = zuverlässig
zuvork. = zuvorkommend
zw. = zwischen
z.Z. = zur Zeit